陈仓记忆

CHENCANG MEMORY

◆ 董卫剑 主编

◆ 宝鸡市陈仓区博物馆 编

◆ 西北大学出版社

《陈仓记忆》编委会

顾　　　问	霍铁桥　马　宵
学术顾问	张天恩　田亚岐
策　　　划	魏　林　武　云　陈稳亮
编委会主任	齐智雄
编委会成员	刘建忠　容　巍　董卫剑　程　骋　宋立柱　程利平
主　　　编	董卫剑
副 主 编	程　骋
编　　　辑	焦海梅　雷　岩　李亚妮　李丽轩
特约编辑	张旭辉
资料整理	雷　岩　李亚妮　李丽轩
文字说明	董卫剑
摄　　　影	张　沛　袁　静
插　　　画	赵富康　胡　源
书籍设计	贺建林　袁樱子
英文翻译	张旭辉
书名题字	符　浩
编　　著	宝鸡市陈仓区博物馆
出　　版	西北大学出版社
印　　刷	北京雅昌艺术印刷有限公司

序 言

陈仓，秦汉旧县，关陕名邑。

众山西郿合，平原东郭开，地接秦陇，道通巴蜀，自古为兵家必争之地，故有"明修栈道，暗度陈仓"的典故传世。历史悠久，人文荟萃，传说是炎帝神农故里，"姜太公垂钓""秦穆公泛舟"之遗迹犹存。区属范围的文物古迹数以百计，很好地印证了历史典籍的记载。

距今7000—8000年前，是中国进入新石器时代的初始阶段，以渭水流域为中心的老官台文化就处在这一时期，陈仓是发现此类文化遗址较集中的地区，已知的有关桃园、孟家窑、杨家岭等。经考古发掘的关桃园遗址出土了大量陶、石、骨、角类文化遗物，以及鸟、兽、鱼、蚌类自然遗物，可以让我们见识远古人类抟泥做陶、剔骨制器、逐兽捕鱼的非凡智慧，及其所处的自然环境。同时期遗址难得一见农业生产工具——骨耜，在这里居然批量发现，标志粟作农业已有了不可低估的发展。农耕文明的成就让原始先民摆脱了依赖自然资源的狩猎、采集生活，炎帝神农氏的传说出在陈仓，也许根基深存。4000—7000年以前是新石器时代发展时期，陈仓和整个渭水流域一样，经历着仰韶和龙山文化。妙曼飘逸的彩陶描绘着仰韶人的惬意，陶塑人面、祖形器反映了祖先崇拜、生殖崇拜的原始宗教观，最早的陶瓦则揭开了龙山时代高等级居室的神秘面纱。

历史时期的陈仓，最初为古羌部族的栖身之地。传说炎帝为羌人始祖，其后世在尧舜时曾任四岳，主管四方山川事务，协助大禹治水有功，商代晚期的姜太公（姜子牙）为其后裔。发现于陈仓及周边地区的刘家文化，便是其族在商代所使用的考古学文化，以高领袋足鬲、高领罐等陶器为代表，在商末融入先周文化之中，周文王磻溪访姜尚的故事应该是在这里上演。西周建立，分封功臣，姜子牙获封于山东而为齐国始祖，故地又分赐其他有功人员为采邑封地，"夨国""虢国"及"南宫氏"之属比比皆是。

春秋之初，秦人下陇入关中，先居"汧渭之会"，后建"平阳封宫"，八百里秦川成为开创秦帝业的基地。千河金器之炫目，秦公钟、镈之雄宏，就是历史之光的折射。戈矛并陈，剑弩罗列，再现古代战阵的酷烈；辖軎饰车，镳衔驱马，可想当年田猎之盛况。

秦汉以来，陈仓地属近畿，民隶三辅，世俗生活成为社会的基本状态。那些组合完备的炉灶，似可嗅到饭菜的芳香。方仓圆囷、陶壶铜钟，显然是对五谷丰登、生活富足的祈愿。炼冶铜华清而明，尚方铸镜光鉴人，千百年来一直伴随人们观容照面的尺寸之物，手把之器的铜镜，既是古人自求完美的凭借，并可把玩鉴赏美丽的图案。"宜子孙，家富昌""长相思，毋相忘"等铭文，则寄托着追求美好人生的愿望。

汉唐时期宗教逐渐流盛，道家兴于中土，佛教经义西来。上自宫廷，下及庶民，崇佛信教蔚然成风。陈仓所藏的宗教文物，在一定程度上也是证明。神佛造像、奉教法物等，表达的是对宗教的虔诚，追求的则是精神世界的寄托，以及对未来的向往。这些文物风格特征以及宗教传统，也打上了丝绸之路上中西文化交流的印记。

同样也属于宗教范畴的活动，便是陈仓境内的古代吴山的祭祀传统，但其属于古代的国家层面，为"国之大事，在祀与戎"内涵中的山川祭祀。

吴山，古称吴岳、岳山，是陇山（六盘山）的主峰。传说最早的吴山祭祀起于舜帝时代，有史可考为战国早期。《史记·封禅书》载：秦灵公在吴山以南作吴阳上畤、吴阳下畤，祭黄帝、炎帝。但司马贞《史记索隐》说原雍地已有吴阳武畤，灵公另作了两畤，可知与吴山有关的祭祀应该还要早一些。出土于吴山遗址的车軎，时代略早于战国，说明吴山祭祀可能更早。这里出土的车马器、玉人等祭祀用品，年代跨度从战国到秦汉之际，为我国古代山川祭祀的重要发现，此对秦人在雍地的畤祭，以及秦汉王朝的国家祭祀都有重要影响。

地方志及后世碑刻等还有隋唐以后祭祀的记录，可知此传统影响深远。

张天恩

2019 年 6 月于长安

PREFACE

Chencang, the olden county of Qin and Han, however, the famous city in modern Shaanxi Guanzhong.

The mountains flow together in the west while the plains locate in the east. The area connects QinLong (Shaanxi and Gansu) while the roads lead to BaShu area. Based on its comprehensive geography, Chencang is a critical battle ground for thousands of years. Therefore, the story of "Pretend to advance along one path while secretly going along another" was handed down from generations. With long history and a great many celebrities, Chencang is presumed as the hometown of Yandi-Shennong. The remains of "Jiang Taigong fishing" and "Qin Mugong boating" are still out there. Hundreds of cultural relics and historic sites in the district give a proof of the records in historical literature.

About 7,000 to 8,000 years ago, China was at the initial stage of Neolithic Age, so is the Laoguantai Culture centered on the Basin of Wei River. Many sites of Laoguantai Culture centralize in Chencang, such as Guantaoyuan, Mengjiayao, Yangjialing and etc., Bunch of artifacts made by pottery, stone, bone and horns, as well as the remains of birds, beasts, fish and quails were excavated on Guantaoyuan site, which shows the natural environment and extraordinary wisdom of ancient people in making pottery and bone objects, animal-hunting and fishing. It's rare to discover the agricultural tools, bone plowshare, on the sites from the same era but were unearthed in bulk in Guantaoyuan. The discovery of bone plowshare is a symbol of highly development in millet agriculture. Due to the achievements of agriculture lifting our ancestors out of hunting and gathering which depended on natural resources, the notion that taking Chencang as the origin of Yandi-Shennong's hometown has deep root. 4,000-7,000 years ago, it's a development period of Neolithic Age. Chencang, as well as the entire Lishui River Basin, went through Yangshao and Longshan Cultures. The delicate painting on pottery depicts the cozy life of people in Yangshao Culture. Pottery mask and other artifacts reflects the primitive religion of ancestor worship and reproductive worship. The earliest pottery tiles reveal the mystery of high-level architecture in Longshan era.

In historical period, Chencang was the habitat of ancient Qiang tribes in the early days. Yandi was the ancestors of Qiang. His successors took charge of mountains and rivers of the whole region during Yao and Shun era, besides, they also assisted Dayu to defend the Flood. In late Shang Dynasty, there was a famous descendant of Yandi called Jiang Taigong (Jiang Ziya). Liujia Culture, found in Chencang and its surrounding areas, was the archaeological culture which represented Jiang's group in Shang Dynasty. The typical pottery is high-necked with bag-shape feet Li and high-necked pottery. In the period of Liu Culture merged with Pre-Zhou Culture in late Shang, the story of Zhou Wenwang visiting Jiang Shang might happened in this place. As the establishment of Western Zhou and rewarding to the heroes, Jiang Ziya moved to Shandong and became the father of Qi State because of his contribution to Zhou Royal. Jiang also rewarded his ministers with lands, "Ce Guo", "Guo Guo" and "Nan Gong" are some of them.

At the beginning of Chunqiu Period, Qin group immigrated to Guanzhong area. They first settled down in the meeting point of Qian River and Wei River, then later built Pingyang Palace. This fertile field lays the base of Qin Empire. The light of golden artifacts excavated in Qian River and the magnificence of the instruments discovered in Qin Gong Tomb are reflecting the glamour of the history; with spears and swords, with arrows and blades, they are recreating the brutality of ancient wars; tamed horses followed by decorated carriages are reviving the prosperity of hunting and riding.

Since Qin and Han Dynasties, due to the location of Chencang next to capital with the people under the authority of Chang'an, the secular life is the basic form of society. It seems to smell the scrumptious scent of food from the well-equipped stoves. The square warehouse and round dike, as well as the pottery pot and copper bell, are invested people's wish for the harvest and a good living. For thousands of years, the bronze mirrors, as the portable tool to check looks, are not only the way to perfect themselves but an entertainment to appreciate the fantastic design. It is in the inscriptions, such as "Live long and prosper" "Everlasting longing and memory", that people place their hope for beautiful life.

With Taoism booming in local places and Buddhism spreading from the West, the religions gradually rose during Qin and Han. From Royalty to citizens, everyone has his own belief. The religious relics in Chencang prove the popularity of religions. People devoted themselves to gods in the way of making statues and sacrifice in order to show their faith in the spirit world and the hope for future. Such religious artifacts and traditions partly show the features of cultural exchanges between China and the West on the Silk Road.

The sacrifice ceremony on ancient Wu Mountain in Chencang is also in the scope of religious activities, which is an exact example for the famous quote "Only rituals and wars matters the country". The rituals in the quote involve in sacrifice ceremony of mountains and rivers hosted by the state, including the sacrifice ceremony on ancient Wu Mountain.

Wushan, used to be known as Wuyue and Yueshan, is the main peak of Long Mountain (Liupan Mountain). It is said that Wushan ritual began in Shun era, but its historical record is in early Zhanguo Period. "Shiji: Fengchan Book" states that Qin Linggong chose two locations in the southern Wu Mountain to offer Huangdi and Yandi. However, Sima Zhen said that the times of ritual place in Wuyang is earlier than those of two sites chosen by Linggong. Hence, the times of Wushan sacrifice ceremony should be earlier, which can be proved by the excavated ruts dated in earlier than Warring States Period on Wushan site. The times of unearthed sacrifices including carriages, horses and jade, range from Warring States Period to Qin and Han Dynasties. Those sacrifices are important discoveries of mountain and river rituals in China, which have a great impact on the sacrifices in Yong area and the national sacrifices of Qin and Han Dynasties.

The far-reaching influence of the ritual traditions can be seen in the record of local history, stone inscriptions, and the historical records since Sui and Tang Dynasties.

Zhang Tian'en
June 2019 in Chang'an

目录 Contents

序言 / *001*

前言 / *001*

地理位置与自然环境 / *002*

建置沿革 / *004*

史前陈仓 / *009*
  一、原始风光 / *012*
  二、原始农业 / *021*
  三、原始艺术 / *029*
  四、原始传说 / *038*

历史陈仓 / *041*
  一、太伯奔吴　礼让天下 / *042*
  二、文王访贤　方国并存 / *046*
  三、嬴秦屡迁　汧渭都邑 / *069*
  四、金戈铁马　陈仓战事 / *092*
  五、秦汉厨房　人生百味 / *100*
  六、丝路瓷道　熠熠生辉 / *116*
  七、栩栩如生　独运匠心 / *124*
  八、畤祭天帝　国祀吴岳 / *145*

镜鉴苍生 / *153*
  一、书法铜镜 / *154*
  二、动植物纹铜镜 / *162*
  三、铜镜的铸造技术 / *170*

结束语 / *173*

后记 / *175*

前 言
Introduction

七千年前，莽林深处，

一个叫炎帝的部落首领斫木为耜、教民稼穑，

点燃了文明的火把，烛照后世。

在时间的跑道上，后来人始终薪火相传，一路逸尘断鞅。

从太伯奔吴、文王访贤的赫赫宗周，

到秦人九都八迁、高帝暗度陈仓的泱泱秦汉，

先民掬水邀月、吉金为鉴，沿途留下的足迹汇成了历史的回声。

这便是铸刻在这片亘古弥新的土地上，

耀眼闪亮的陈仓记忆。

地理位置与自然环境

陈仓区位于陕西关中八百里秦川西端，东经106度18分24秒—107度34分58秒之间，北纬34度7分24秒—34度44分38秒之间。地处秦岭山地、关中平原、黄土高原过渡区，地貌由山、塬、川组成。主要河流有渭河、千河、金陵河。南依秦岭与太白县、凤县毗邻，北靠陇山余脉与陇县、千阳县、凤翔县接壤，西沿渭水与甘肃省天水市麦积区、清水县隔河相望，东与岐山县相连，三面环围宝鸡市区，东西长约119.49公里，南北宽约67.78公里。西距宝鸡市中心区22公里，东距省城西安147公里。宝中铁路与陇海铁路交汇于此，310国道、G30西宝高速公路和210省道、212省道过境。属大陆性暖温带季风气候，年平均气温13℃，年降水量701毫米。全区辖15镇、3个街道办事处、332个行政村、2231个村民小组，总人口61万，总面积2580平方公里。

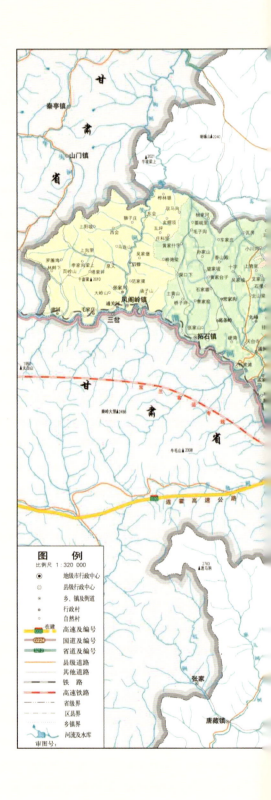

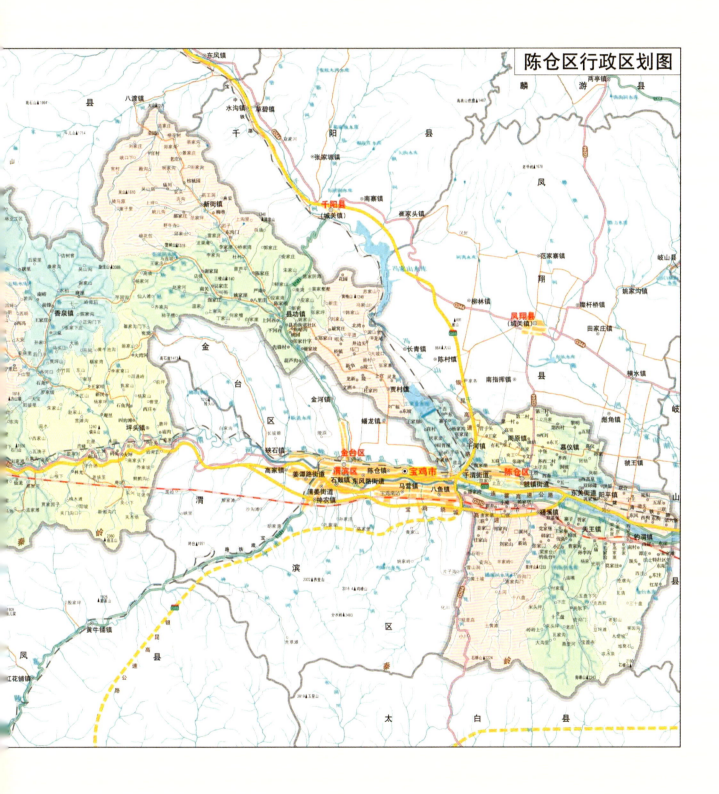

建置沿革

2002年陈仓区关桃园遗址考古发掘表明，早在7000多年前，先民们就在这里繁衍生息。旧志有"伏羲所治，炎帝所生，黄帝所都"记载。这里是周秦王朝的发祥地之一。

夏商（前21世纪—前11世纪），域属雍州。《尚书·禹贡》载"黑水西河惟雍州"（今宝鸡市及甘肃南部），建有姜氏城、姜姓国和黄帝后世所建的陈国。

商末，域为周之虢国，姬姓，系文王母弟虢仲（亦说虢叔）封地，世称西虢。西周亡，周平王东迁，支族仍留原地，称为小虢，故城在今虢镇。

西周（前11世纪—前771），域为西周王畿之地。今境内磻溪乡一带为井国，金陵河以西至陵原镇一带（中心在清涧河两岸台地）为彊伯所封之彊国，贾村塬及千阳县南部一带为矢国，宝鸡市渭河南至大散关一带传为周臣散宜生之散国。

春秋（前770—前476），周平王东迁，秦襄公因救周和护送周平王东迁有功，被封为诸侯，赐以岐西之地，但其地被戎、狄占据。秦襄公十二年（前766）率兵自陇西伐戎，至岐而死。其子秦文公，四年（前762），"车猎"汧渭之间，建邑定居。秦文公十六年（前750），大胜戎人，占据关中，以岐东之地献周。十九年（前747），筑陈仓城。秦宁公二年（前714），自陈仓东迁，建都平阳（今阳平镇一带）。秦武公十一年（前687）灭小虢，于虢故城置虢县。秦德公元年（前677），迁都于雍城（故地在今凤翔县东南）。秦在平阳建都共37年。

战国（前476—前221），秦孝公时（约公元前361年）在域设陈仓县（县治在今宝鸡市东），以陈仓山得名。

秦（前221—前207），秦始皇统一六国后，废封国，实行郡县制。虢县、陈仓县属以国都咸阳为中心的内史领辖。

西汉（前206—8），景帝二年（前155），设右内史。武帝太初元年（前104），改右内史为右扶风，治所长安，领21县，虢县属之。域有郁夷县、陈仓县，二县俱属右扶风。

新莽（9—23）、更始（23—25），政区沿用西汉，无变更。

东汉（25—220），废虢县，辖地并入雍县（县治在今凤翔县南）；郁夷县废。域存雍县、陈仓县、汧县。西汉右扶风改为扶风郡，治所移槐里县（今兴平县东南），辖雍、陈仓、汧等县。

三国（220—265），域政区未变，仍与东汉时同，属扶风郡。扶风郡属曹魏所设十二州之雍州，雍州治所为长安城。

西晋（265—317），咸宁四年（278）于域东置郿城县，不久废入陈仓县。域仍为雍州扶风郡之雍县、陈仓、汧县辖地。扶风郡治所移池阳（县治在今泾阳县东南）。

东晋、十六国（317—420），后赵建平二年（331）废陈仓县，辖地分别并入雍县、汧县。

东晋永和七年（351），苻健在长安称天王、大单于，国号大秦（史称前秦），在域三交城（今固川乡坊塘铺）设武都郡。前秦甘露元年（359），在域设苑川县，武都郡治所置此。

北魏（386—534），孝明帝时在域南由谷口置南由县，县因谷为名，故城在今香泉镇。太延二年（436），迁武都郡于古虢城，即今虢镇。太平真君六年（445），在域东之平阳设平阳县，故城在今阳平镇。苑川、南由、平阳三县属武都郡辖。孝昌二年（526），在域西北长蛇镇（今县功镇附近）设长蛇县，属东秦州陇东郡领辖。

西魏（535—556），大统四年（538）在古虢城设洛邑县；撤销南由县，其地并入长蛇县；平阳县改名鄜城县，迁县治至旧眉县城。大统十五年（549），迁苑川县于陈仓故城，改名陈仓县，岐州武都郡治陈仓县。

北周（557—581），天和三年（568）在陈仓县兼设显州，次年撤销。同时，在洛邑县兼设朔州，建德年间（572—578）废。天和四年（569），撤陈仓县，其地并入洛邑县，岐州武都郡治洛邑县。大象二年（580），复设南由县。长蛇、南由两县属陇州陇东郡领辖。

隋（581—618），开皇三年（583）撤销长蛇县，并入南由县，其后分出，复设长蛇县。十八年（598），长蛇县改称吴山县，取域西吴山为名。同年，分洛邑县西部复设陈仓县，大业九年（613）县治迁入留谷城（即今宝鸡市区）。大业三年（607），洛邑县改称虢县。虢县、陈仓县、吴山县、南由县均属扶风郡领辖。

唐（618—907），武德元年（618）分南由县东部设长蛇县，贞观元年（627）改为吴山县，唐肃宗上元二年（761）改吴山县为华山县，不久又复称吴山县。元和三年（808），撤南由县，辖地并入吴山县。贞观七年（633），虢县并入岐山县，天授二年（691）分岐山县地复设。至德二年（757），二月十五日改陈仓县为凤翔县，十八日以陈仓山有鸡鸣之祥瑞又改名宝鸡县。唐时，虢县、宝鸡县属凤翔府领辖；吴山县、南由县属陇州领辖。

五代十国（907—960），今陕西境内秦岭以北属梁、唐、晋、汉、周。唐天祐四年（907），李茂贞开岐王府。后唐同光二年（924），李茂贞向后唐称臣，改封为秦王。虢县、宝鸡县属凤翔府辖，吴山县属陇州辖。

北宋（960—1127），开宝二年（969）分吴山县西部地设陇安县，以境内陇安关得名，县治即原南由县。虢县、宝鸡县属秦凤路凤翔府辖；吴山县、陇安县属秦凤路陇州领辖。

金（1115—1234），陇安县、吴山县曾并入汧源县（今陇县），大定二十七年（1187），吴山县分出复设，泰和八年（1208）陇安县分出复设，吴、陇二县属凤翔路陇州辖。虢县、宝鸡县属凤翔路凤翔府辖。

元（1271—1368），至元年间（1264—1294）废虢县，降为镇，辖地并入宝鸡县，直属陕西等处行中书省凤翔府辖；至元七年（1270），撤销吴山、陇安二县，其地并入汧源县。

明（1368—1644），宝鸡县属陕西等处承宣布政使司凤翔府辖。

清（1636—1911），宝鸡县属陕西省凤邠道凤翔府辖。

中华民国（1912—1949），宝鸡县属陕西省关中道辖。二十二年（1933），撤销道一级设置，宝鸡县直隶陕西省辖。二十四年至二十七年（1935—1938），先后在省下设置行政督察区专员公署，宝鸡县属陕西省第九区督察专员公署辖。三十年（1941）2月4日，第九行政督察区专员公署由凤翔迁至宝鸡县城（即今宝鸡市区）。

1948年4月26日早晨8时，中国人民解放军西北野战军第一次解放宝鸡县城，28日撤离。此间，设宝鸡县人民政府。

1949年7月14日，宝鸡县第二次解放，遂设宝鸡市与宝鸡县，县人民政府迁至石羊庙。

1949年10月1日中华人民共和国成立，11月，宝鸡县人民政府由石羊庙迁驻虢镇，县属陕甘宁边区宝鸡分区管辖。

1950年1月1日,原陕甘宁边区宝鸡分区划归陕西省辖,改称陕西省宝鸡分区，宝鸡县属宝鸡分区辖。10月11日，陕西省宝鸡分区改名宝鸡专区，宝鸡县属宝鸡专区辖。

1956年10月1日，宝鸡专区撤销，宝鸡县直隶陕西省管辖。

1958年11月9日，撤销宝鸡县，其地并入宝鸡市。

1961年9月10日，复设宝鸡专区、宝鸡县，宝鸡县仍归宝鸡专区管辖。

1969年10月1日，宝鸡专区更名宝鸡地区，宝鸡县属宝鸡地区辖。

1971年12月28日，宝鸡地区撤销，辖区划归宝鸡市，宝鸡县属宝鸡市辖。

1979年3月1日，恢复宝鸡地区，宝鸡县属宝鸡地区辖。

1980年8月1日，宝鸡地区与宝鸡市合并，设省辖宝鸡市领导县、区体制。宝鸡县属宝鸡市辖。

2003年3月1日，宝鸡县经国务院批准撤县设区，更名为陈仓区[1]。

---

1. "建置沿革"选自陕西人民出版社1996出版发行的《宝鸡县志》第一版，内容进行了重新编辑，周秦部分依据文献记载和出土文物实物资料进行了修正。

史前陈仓

◆ 陈仓，是中华民族先祖最早的定居地区之一，考古发现，约八千年前这里就留下了关桃园先民的足迹。此外，鸭限岭遗址、双碌碡遗址、杨家店遗址、桥镇遗址等都是人类活动的重要地区，他们在这片土地上繁衍不息，生活劳作，让文明之光从这里破晓，所有这一切，都标志着陈仓先民们已迈入文明的门槛。

陈仓区新石器遗址分布图

凤阁岭镇
73. 鸭限岭遗址
74. 西尧上遗址
75. 通关河遗址
76. 通关河口遗址
77. 新店子遗址
78. 毛家庄遗址
79. 桃园子遗址
80. 旧堡子遗址
81. 青凤山遗址

香泉镇
62. 毛家山遗址
63. 香泉遗址
64. 屈家塬遗址
65. 娘娘庙遗址
66. 白杨湾遗址

赤沙镇
67. 西冯遗址
68. 北坡遗址

拓石镇
69. 马家湾遗址
70. 土堆村遗址
71. 杨家山遗址
72. 关桃园遗址

贾村镇
47. 老虎沟遗址
48. 秦家滩遗址
49. 牛家滩遗址
50. 东庄遗址
51. 小塬遗址
52. 北刘家遗址

县功镇
53. 葫芦沟遗址
54. 桃园遗址
55. 石嘴头遗址
56. 强家村遗址
57. 庵背后遗址
58. 肖家什字遗址
59. 梁家山遗址
60. 杜村遗址

坪头镇
61. 码头遗址

千渭街办
35. 刘家塄遗址

千河镇
36. 冯家嘴遗址
37. 贺家崖遗址
38. 刘家沟遗址
39. 底店堡遗址
40. 仝家沟一号遗址
41. 仝家沟二号遗址
42. 仵家沟遗址
43. 田胥崖遗址
44. 王家崖一号遗址
45. 王家崖二号遗址
46. 车刘村遗址

陈仓区新石器遗址分布图

磻溪镇
17. 屠家塬遗址
18. 杨家店遗址
19. 闫家坪遗址
20. 小寨遗址
21. 斜坡遗址
22. 杨家岭遗址
23. 陈家湾遗址
24. 二郎庙遗址
25. 孟家窑遗址
26. 刘家庄遗址
27. 刘家台遗址
28. 南坪遗址

东关街办
29. 巩家泉遗址
30. 双碌碡遗址
31. 西高泉遗址
32. 李家村遗址

虢镇街办
33. 南堡遗址
34. 关家崖遗址

钓渭镇
1. 东崖遗址
2. 红星遗址
3. 颉头遗址
4. 程家崖遗址
5. 新庄遗址
6. 文家窑遗址

阳平镇
7. 曲家湾遗址
8. 龙家湾遗址
9. 宁王村遗址
10. 高庙遗址

天王镇
11. 有家塬遗址
12. 乔家沟遗址
13. 寨子村遗址
14. 疙瘩庙遗址
15. 伐鱼村遗址
16. 北坡遗址

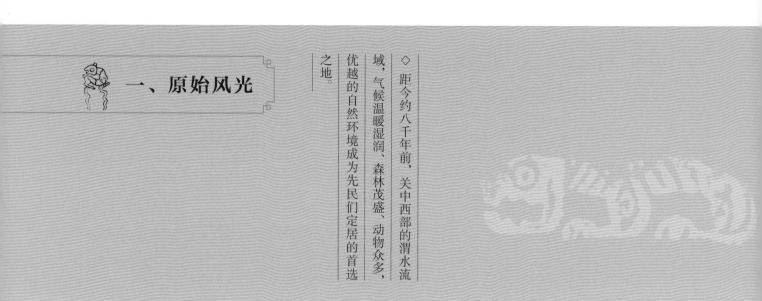

一、原始风光

◇ 距今约八千年前，关中西部的渭水流域，气候温暖湿润、森林茂盛、动物众多，优越的自然环境成为先民们定居的首选之地。

关桃园遗址

发现的动物骨骼标本有兽类、鸟类、鱼类及蚌类，26个属科，如蚌、鲤鱼、雕、鹤、鸡、金丝猴、仓鼠、竹鼠、赤狐、黑熊、猪獾、野马、犀牛、家猪、麝、黄鹿、斑鹿、水鹿、梅花鹿、麋鹿、獐子、鹰子、青羊、水牛、黄牛等，哺乳动物有22种之多。

新石器时代仰韶文化至龙山文化时期，气温比现在要高，属全新世以来气候的大暖期。史前遗址中发现的大量动物骨骼，不仅有助于了解古人的饮食结构，也是恢复和重建遗址区古代自然环境的重要依据。

圆顶珠蚌

◇ 前仰韶第三期文化
◇ 距今 7300—6900 年
◇ 长 8.3 厘米，宽 3.8 厘米
◇ 宝鸡市陈仓区关桃园遗址出土
◇ 陕西省考古研究院收藏

Pear Oyster
Yangshao Culture,
Length 8.3cm ◇ Width 3.8cm
Shaanxi Archaeology Institute

Thorn Bone
Yangshao Culture
Length 5.2cm ◇ Width 3.0cm
Shaanxi Archaeology Institute

鲤鱼第三硬刺骨

◇ 前仰韶第三期文化
◇ 距今 7300—6900 年
◇ 长 5.2 厘米，宽 3.0 厘米
◇ 宝鸡市陈仓区关桃园遗址出土
◇ 陕西省考古研究院收藏

苏门犀右第Ⅲ掌骨

◇ 前仰韶第三期文化
◇ 距今 7300—6900 年
◇ 长 17.6 厘米，宽 6.2 厘米
◇ 宝鸡市陈仓区关桃园遗址出土
◇ 陕西省考古研究院收藏

Rhinoceros Bone
Yangshao Culture
Length 17.6cm ◇ Width 6.2cm
Shaanxi Archaeology Institute

普氏野马右桡骨远端

◇ 仰韶文化
◇ 距今 7000—5000 年
◇ 长 11.6 厘米，宽 6.5 厘米
◇ 宝鸡市陈仓区关桃园遗址出土
◇ 陕西省考古研究院收藏

Horse Bone
Yangshao Culture
Length 11.6cm ◇ Width 6.5cm
Shaanxi Archaeology Institute

黄牛左盆骨

◇ 前仰韶第三期文化
◇ 距今 7300—6900 年
◇ 长 15.3 厘米，宽 9.2 厘米
◇ 宝鸡市陈仓区关桃园遗址出土
◇ 陕西省考古研究院收藏

Ox Bone
Yangshao Culture
Length 15.3cm ◇ Width 9.2cm
Shaanxi Archaeology Institute

家猪左上颌骨

◇ 前仰韶第三期文化
◇ 距今 7300—6900 年
◇ 长 11.0 厘米，宽 5.6 厘米
◇ 宝鸡市陈仓区关桃园遗址出土
◇ 陕西省考古研究院收藏

Pig Bone

Yangshao Culture
Length 11.0cm ◇ Width 5.6cm
Shaanxi Archaeology Institute

Mouse Bone

Yangshao Culture
Length 5.2cm ◇ Width 1.9cm
Shaanxi Archaeology Institute

竹鼠左下颚骨

◇ 前仰韶第三期文化
◇ 距今 7300—6900 年
◇ 长 5.2 厘米，宽 1.9 厘米
◇ 宝鸡市陈仓区关桃园遗址出土
◇ 陕西省考古研究院收藏

獐右下颌骨

◇ 仰韶文化
◇ 距今 7000—5000 年
◇ 长 8.9 厘米，宽 2.6 厘米
◇ 宝鸡市陈仓区关桃园遗址出土
◇ 陕西省考古研究院收藏

Roebuck Bone

Yangshao Culture
Length 8.9cm ◇ Width 2.6cm
Shaanxi Archaeology Institute

斑鹿残右角骨

◇ 前仰韶第三期文化
◇ 距今 7300—6900 年
◇ 长 19.0 厘米，宽 11.0 厘米
◇ 宝鸡市陈仓区关桃园遗址出土
◇ 陕西省考古研究院收藏

Deer Bone

Yangshao Culture
Length 19.0cm ◇ Width 11.0cm
Shaanxi Archaeology Institute

原麝残头骨

◇ 仰韶文化
◇ 距今 7000—5000 年
◇ 长 6.8 厘米,宽 5.4 厘米
◇ 宝鸡市陈仓区关桃园遗址出土
◇ 陕西省考古研究院收藏

Muskdeer Bone
Yangshao Culture
Length 6.8cm ◇ Width 5.4cm
Shaanxi Archaeology Institute

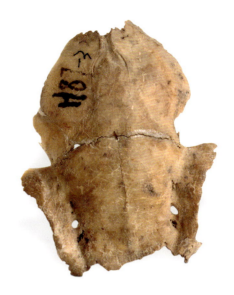

麂左下颌骨

◇ 前仰韶第二期文化
◇ 距今 7300 年前
◇ 长 10.4 厘米,宽 4.0 厘米
◇ 宝鸡市陈仓区关桃园遗址出土
◇ 陕西省考古研究院收藏

Deer Bone
Yangshao Culture
Length 10.4cm ◇ Width 4.0cm
Shaanxi Archaeology Institute

青羊左下颌骨

◇ 前仰韶第三期文化
◇ 距今 7300—6900 年
◇ 长 5.5 厘米，宽 3.9 厘米
◇ 宝鸡市陈仓区关桃园遗址出土
◇ 陕西省考古研究院收藏

Sheep Bone
Yangshao Culture
Length 5.5cm ◇ Width 3.9cm
Shaanxi Archaeology Institute

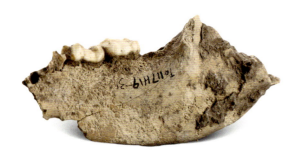

黑熊右下颌骨

◇ 仰韶文化
◇ 距今 7000—5000 年
◇ 长 7.9 厘米，宽 3.5 厘米
◇ 宝鸡市陈仓区关桃园遗址出土
◇ 陕西省考古研究院收藏

Bear Bone
Yangshao Culture
Length 7.9cm ◇ Width 3.5cm
Shaanxi Archaeology Institute

金丝猴下颌骨

◇ 前仰韶第三期文化
◇ 距今 7300—6900 年
◇ 长 7.6 厘米，宽 3.4 厘米
◇ 宝鸡市陈仓区关桃园遗址出土
◇ 陕西省考古研究院收藏

Monkey Bone
Yangshao Culture
Length 7.6cm ◇ Width 3.4cm
Shaanxi Archaeology Institute

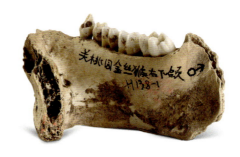

骨鱼钩

◇ 前仰韶第三期文化
◇ 距今 7300—6900 年
◇ 长 3.7 厘米
◇ 宝鸡市陈仓区关桃园遗址出土
◇ 宝鸡市陈仓区博物馆收藏

由一段细骨经加热弯曲成钩状，并磨尖锐。

Bone Fishhook

Yangshao Culture
Length 3.7cm
Chencang Museum

骨镞

◇ 前仰韶第三期文化
◇ 距今 7300—6900 年
◇（大）长 6.5 厘米，宽 0.8 厘米
◇（小）长 5.8 厘米，宽 0.5 厘米
◇ 宝鸡市陈仓区关桃园遗址出土
◇ 宝鸡市陈仓区博物馆收藏

圆柱状，两端磨尖，锋端粗略，短铤较细。

Bone Arrowhead

Yangshao Culture
(Big One) Length 6.5cm ◇ Width 0.8cm
(Small One) Length 5.8cm ◇ Width 0.5cm
Chencang Museum

石矛

◇ 新石器时代
◇ 距今 1 万年—4000 年前
◇ (大) 长 10.1 厘米,宽 3.8 厘米
◇ (小) 长 9.6 厘米,宽 3.2 厘米
◇ 宝鸡市陈仓区关桃园遗址出土
◇ 宝鸡市陈仓区博物馆收藏

　　(大) 凝灰岩,青灰色,薄片长矛状,利用剥落片石磨制而成,刃部锋利。
　　(小) 扁平体,平面光滑,尖呈三角形。

Stone Spear

Neolithic Age
(Big One) Length 10.1cm ◇ Width 3.8cm
(Small One) Length 9.6cm ◇ Width 3.2cm
Chencang Museum

骨刀

◇ 前仰韶第三期文化
◇ 距今 7300—6900 年
◇ 长 21.4 厘米,宽 2.0 厘米,厚 0.4 厘米
◇ 宝鸡市陈仓区关桃园遗址出土
◇ 陕西省考古研究院收藏

　　这是一件可嵌夹有石刃的复合工具。由一块整骨磨出身、格、柄、首等不同部分。刀背刻有细道,刀刃至刀格部有刻槽,显示用以嵌夹石刃。刀柄近首部两面对钻的椭圆穿,首端磨出凹腰状,格部有钻而未穿的小圆坑两个。柄及身饰有刻槽,体表磨制光滑。

Bone Knife

Yangshao Culture
Length 21.4cm ◇ Width 2.0cm ◇ Thickness 0.4cm
Shaanxi Archaeology Institute

二、原始农业

◇ 陈仓,是传说中『伏羲所治,炎帝所生,黄帝所都』的沃土,拥有得天独厚的农耕条件,先民们在这里植五谷、饲六畜、刀耕火种。通过史前考古的发现,已为我们渐渐褪下了他们原始农耕生活的神秘面纱。

◇ 史前遗址中出土的石斧、石刀、渔网坠、陶纺轮等都是古人生产生活的重要工具。陈仓区西山高林密布,溪谷纵横,动植物种类丰富,先民们可以悠然自得地在这里狩猎捕鱼、播种采集、抟土制陶,他们利用这些简易的工具创造了美好的生活。

炎帝神农氏像 选自武梁祠东汉画像石

抟土制陶的始祖——神农氏

遍尝百草、教民稼穑的神农氏不仅是中国农业的开山鼻祖，还是中国制陶业的开创者。而陶质的炊具和容器，为保存、加热和制作发酵食物提供了可能，于是，酿酒、制酱、制醋等人类新发明也就开始了。

2002年，在陈仓区拓石镇关桃园遗址考古中，发现了成批的前仰韶文化时期（距今约7300年前）的农具——骨耜，不仅填补了北方地区农业生产工具的空白，而且为探讨我国北方旱作农业的起源和发展水平提供了最直接的实物证据。

骨耜

◇ 前仰韶第二期文化
◇ 距今 7300 年前
◇ 长 24.8 厘米，宽 12.2 厘米
◇ 宝鸡市陈仓区关桃园遗址出土
◇ 宝鸡市陈仓区博物馆收藏

用牛肩胛骨制成，一端为原始骨关节，骨脊经过修整，但未磨平，刃部为较圆缓的弧形，左右突起不很对称。

Bone Plough
Yangshao Culture
Length 24.8cm ◇ Width 12.2cm
Chencang Museum

骨铲

◇ 前仰韶第三期文化
◇ 距今 7300—6900 年
◇（左一）长 13.8 厘米（左二）长 12.9 厘米
◇（右一）长 7.0 厘米（右二）长 10.0 厘米
◇ 宝鸡市陈仓区关桃园遗址出土
◇ 宝鸡市陈仓区博物馆收藏

兽骨磨制而成。大体成宽扁长条状。刃部磨制规整且锋利，由于长期使用，十分光亮。正面保持了兽骨的自然状，背面加工痕迹明显。端部保留了骨节的自然状。

Bone Spade
Yangshao Culture
(Left One) Length 13.8cm ◇ (Left One) Length 12.9cm
(Right One) Length 7.0cm ◇ (Right One) Length 10.0cm
Chencang Museum

骨锥

◇ （左）仰韶文化
◇ 距今 7000—5000 年
◇ （右）前仰韶第三期文化
◇ 距今 7300—6900 年
◇ （左）长 16.4 厘米，宽 1.8 厘米
◇ （右）长 11.7 厘米，宽 2.1 厘米
◇ 宝鸡市陈仓区关桃园遗址出土
◇ 宝鸡市陈仓区博物馆收藏

（左）扁体尖锥形，由于长期使用，体表十分光亮。
（右）兽骨管壁磨制而成。呈长扁条状，尖部残，正面保持了骨壁的原样，背面及两侧经过磨制加工。

Bone cone
Yangshao Culture
(Left) Length 16.4cm ◇ Width 1.8cm
(Right) Length 11.7cm ◇ Width 2.1cm
Chencang Museum

骨针

◇ 前仰韶第三期文化
◇ 距今 7300—6900 年
◇ 长约 7.9 厘米
◇ 宝鸡市陈仓区关桃园遗址出土
◇ 宝鸡市陈仓区博物馆收藏

细棒状，尖锋利，尾部有穿绳孔，体表光亮，磨制精致。

Bone Needle
Yangshao Culture
Length 7.9cm
Chencang Museum

石铲

◇ 新石器时代
◇ 距今 1 万年—4000 年前
◇ 长 24.0 厘米，宽 14.5 厘米，厚 2.5 厘米
◇ 宝鸡县清溪乡（今宝鸡市陈仓区磻溪镇）斜坡村出土
◇ 宝鸡市陈仓区博物馆收藏

长方梯形，通体磨光，头窄刃宽呈弧形。

Stone Shovel

Neolithic Age
Length 24.0cm◇Width 14.5cm◇Thickness 2.5cm
Chencang Museum

石锛

◇ 新石器时代
◇ 距今 1 万年—4000 年前
◇ （左一）长 12.0 厘米，宽 3.5 厘米，厚 1.5 厘米
◇ （左二）长 11.5 厘米，宽 6.0 厘米，厚 1.5 厘米
◇ （左一）宝鸡县（今宝鸡市陈仓区）天王镇北坡村出土
◇ （左二）宝鸡县（今宝鸡市陈仓区）博物馆征集
◇ 宝鸡市陈仓区博物馆收藏

（左一）长方梯形，身较长，头窄刃宽，单面刃。
（左二）长方梯形，器面有弧度鼓起，头窄刃宽，单面刃。

Stone Adze

Neolithic Age
(Left One) Length 12.0cm◇Width 3.5cm◇Thickness 1.5cm
(Left Two) Length 11.5cm◇Width 6.0cm◇Thickness 1.5cm
Chencang Museum

石钻头、石钻垫

◇ 前仰韶第三期文化
◇ 距今 7300—6900 年
◇ 石钻头：长 5.2 厘米，宽 1.7 厘米
◇ 石钻垫：直径约 8.3 厘米，厚约 2.9 厘米
◇ 宝鸡市陈仓区关桃园遗址出土
◇ 宝鸡市陈仓区博物馆收藏

石钻头：凝灰岩，青灰色。磨制，上部呈花蕾状，下部略作方柱状，尖端稍残。

石钻垫：细沙花岗石磨制而成，扁平椭圆状，两面中央部位有凹坑。

Stone Drill and Cushion

Neolithic Age
Length of Drill 5.2cm ◇ Width 1.7cm
Diameter of Cushion 8.3cm ◇ Thickness 2.9cm
Chencang Museum

石磨棒、石磨盘

◇ 石磨棒
◇ 前仰韶第二期文化
◇ 距今 7300 年前
◇ 石磨盘
◇ 仰韶文化
◇ 距今 7000—5000 年
◇ 石磨棒：长 20.0 厘米，宽 8.0 厘米
◇ 石磨盘：长 40.0 厘米，宽 26.0 厘米
◇ 宝鸡市陈仓区关桃园遗址出土
◇ 宝鸡市陈仓区博物馆收藏

石磨棒，青石灰岩，体型较大，椭方柱状，磨制较规整。

石磨盘，砂岩，扁平体，圆角长方形，周边较规整，由于长期使用，研磨面光滑下凹。

Stone Stick and Millstone

Yangshao Culture
(Stone Stick) Length 20.0cm ◇ Width 8.0cm
(Stone Millstone) Length 40.0cm ◇ Width 26.0cm
Chencang Museum

石纺轮

◇ 新石器时代
◇ 距今 1 万年—4000 年前
◇ 直径约 7.3 厘米，厚约 0.9 厘米
◇ 宝鸡县（今宝鸡市陈仓区）博物馆征集
◇ 宝鸡市陈仓区博物馆收藏

圆形，中间钻一圆孔。

Stone Wheel

Neolithic Age
Diameter 7.3cm ◇ Thickness 0.9cm
Chencang Museum

陶钵

◇ 新石器时代
◇ 距今 1 万年—4000 年前
◇ 口径 21.3 厘米，底径 9.6 厘米
◇ 宝鸡市陈仓区双碌碡遗址出土
◇ 宝鸡市陈仓区博物馆收藏

泥质红陶。直口微敛，方圆唇，腹斜下收，小平底。

Pottery Bowl

Neolithic Age
Diameter of Mouth 21.3cm ◇ Diameter of Bottom 9.6cm
Chencang Museum

陶壶

◇ 新石器时代
◇ 距今 1 万年—4000 年前
◇ 口径 5.3 厘米，高 31.0 厘米
◇ 宝鸡县石羊庙乡（今宝鸡市陈仓区千河镇）底店村出土
◇ 宝鸡市陈仓区博物馆收藏

泥质红陶，葫芦口，圆唇，细长颈，溜肩，深腹，腹微鼓，平底，腹上部两侧有双耳残部，口外侧饰一周戳印纹，颈及腹部饰斜向的细绳纹。

Pottery Bottle

Neolithic Age
Diameter of Mouth 5.3cm ◇ Height 31.0cm
Chencang Museum

平底罐

◇ 前仰韶第二期文化
◇ 距今 7300 年前
◇ 口径 16.8 厘米，腹径 24.4 厘米
  底径 10.8 厘米，高 31.6 厘米
◇ 宝鸡市陈仓区关桃园遗址出土
◇ 宝鸡市陈仓区博物馆收藏

夹砂红褐陶，直口，方圆唇，高直颈，腹较深外鼓，平底，唇上压印绳纹，口外部抹光，形成一小凸棱，颈饰较细右倾绳纹，颈下有抹划纹，身饰稍斜绳纹，近底部有交错现象，底另接，腹泥条盘筑，口领另接。

Pottery Jar

Yangshao Culture
Diameter of Mouth 16.8cm ◇ Diameter of Belly 24.4cm
Diameter of Bottom 10.8cm ◇ Height 31.6cm
Chencang Museum

三、原始艺术

◇ 由于生产力水平的提高,伴随着相对定居的农耕生活,先民们开始进行一些简单的艺术创造,制陶、制骨以及制玉的技术都达到了一定的水平。其中公元前6000—前5000年,关中地区有了彩陶,自然流畅的线条勾画出他们对美的渴望。「祖」的出现,即所谓的生殖崇拜,就是先民对繁殖能力的赞美和向往。

陶塑人头像

◇ 前仰韶第二期文化
◇ 距今 7300 年前
◇ 腹径 3.0 厘米，高 4.6 厘米
◇ 宝鸡市陈仓区关桃园遗址出土
◇ 宝鸡市陈仓区博物馆收藏

　　捏塑，在泥块上捏出面部及鼻梁，戳刺出双目、鼻孔和嘴，划出尖形帽。

Pottery Face

Yangshao Culture
Diameter of Belly 3.0cm　Height 4.6cm
Chencang Museum

陶塑鹰头

- 新石器时代
- 距今 1 万年—4000 年前
- 腹径 7.5 厘米,高 7.2 厘米
- 宝鸡市陈仓区双碌碡遗址出土
- 宝鸡市陈仓区博物馆收藏

泥质黑陶。尖嘴、圆孔鼻、圈眼、昂首状。

Pottery Bird Head

Neolithic Age
Diameter of Belly 7.5cm ◇ Height 7.2cm
Chencang Museum

陶高圈足杯

◇ 前仰韶第三期文化
◇ 距今 7300—6900 年
◇ 口径 7.8 厘米，高 12.4 厘米
◇ 宝鸡市陈仓区关桃园遗址出土
◇ 陕西省考古研究院收藏

夹砂红褐陶，胎质极薄，敛口，薄方唇，腹微外鼓，圜底，杯身下接高圈足，圈足下口微外撇。除口沿下处饰一周戳刺纹外，通体光素。

Pottery Cup with High Ring Foot
Yangshao Culture
Diameter of mouth 7.8cm ◇ Height 12.4cm
Shaanxi archaeology Institute

直口杯

◇ 仰韶文化
◇ 距今 7000—5000 年
◇ 直径 7.6 厘米，高 8.2 厘米
◇ 宝鸡市陈仓区关桃园遗址出土
◇ 宝鸡市陈仓区博物馆收藏

夹细砂红陶。圆唇，深直腹，平底。腹饰绳纹，并有环绕附加泥条堆纹，形似龙蛇，首尾衔接。

Pottery Cup with Upright Mouth
Yangshao Culture
Diameter 7.6cm ◇ Height 8.2cm
Chencang Museum

尖底陶瓶

◇ 新石器时代
◇ 距今 1 万年—4000 年前
◇ 腹径 9.0 厘米，高 42.0 厘米
◇ 宝鸡县（今宝鸡市陈仓区）千河镇朱家崖村出土
◇ 宝鸡市陈仓区博物馆收藏

敞口，细长颈，斜肩，深腹斜下收至尖底，腹部两侧有双耳，器表通体饰交错的斜线纹。

Pottery Bottle with Pointed Bottom
Neolithic Age
Diameter of Belly 9.0cm ◇ Height 42.0cm
Chencang Museum

彩陶壶

◇ 新石器时代
◇ 距今 1 万年—4000 年前
◇ 腹径 11.0 厘米，高 23.5 厘米
◇ 宝鸡县（今宝鸡市陈仓区）千河镇朱家崖村出土
◇ 宝鸡市陈仓区博物馆收藏

敞口，长颈，斜肩，圆鼓腹，平底，肩饰彩绘网纹。

Painted Pottery Pot
Neolithic Age
Diameter of Belly 11.0cm ◇ Height 23.5cm
Chencang Museum

彩陶瓶

◇ 新石器时代
◇ 距今 1 万年—4000 年前
◇ 口径 3.5 厘米，高 12.3 厘米
◇ 宝鸡县石羊庙乡（今宝鸡市陈仓区千河镇）底店村出土
◇ 宝鸡市陈仓区博物馆收藏

　　小平口，宽唇，细颈，溜肩带有弧度，斜鼓腹下折，小平底，底略内凹，肩部上下彩绘相对的锯齿纹。

Painted Pottery Bottle

Neolithic Age
Diameter of Mouth 3.5cm ◇ Height 12.3cm
Chencang Museum

骨笄

◇ 前仰韶第三期文化
◇ 距今 7300—6900 年
◇ 长 8.5 厘米
◇ 宝鸡市陈仓区关桃园遗址出土
◇ 宝鸡市陈仓区博物馆收藏

　　磨制，两端有尖，一端规整，另一端较扁，中间较细，可能因破材时有偏差而不规整。

Bone Hairpin

Yangshao Culture
Length 8.5cm
Chencang Museum

石簪

◇ 仰韶文化
◇ 距今 7000—5000 年
◇ （左一）长 7.4 厘米
◇ （左二）长 7.2 厘米
◇ 宝鸡市陈仓区关桃园遗址出土
◇ 宝鸡市陈仓区博物馆收藏

磨制，整体呈铆钉状，柄端椭圆菌帽状，身细长，尖端甚尖锐，通体磨光。

Stone Hairpin

Yangshao Culture
(Left One) Length 7.4cm
(Right One) Length 7.2cm
Chencang Museum

石钺

◇ 新石器时代
◇ 距今 1 万年—4000 年前
◇ 宽 10.5 厘米，高 12.3 厘米，厚 1.2 厘米
◇ 宝鸡县（今宝鸡市渭滨区）晁峪遗址出土
◇ 宝鸡市陈仓区博物馆收藏

白绿石，长方梯形，圆弧面，头窄刃宽，上部钻一圆孔。

Stone Axe

Neolithic Age
Width 10.5cm ◇ Height 12.3cm ◇ Thickness 1.2cm
Chencang Museum

尖底瓶口沿（男祖女阴）

◇ 新石器时代
◇ 距今 1 万年—4000 年前
◇ 腹径 6.5 厘米，高 9.5 厘米
◇ 宝鸡市陈仓区双碌碡遗址出土
◇ 宝鸡市陈仓区博物馆收藏

泥质红陶。侈口圆唇斜颈，口沿下泥质堆塑男祖和女阴生殖器各一对。

Pottery Organ

Neolithic Age
Diameter of Belly 6.5cm ◇ Height 9.5cm
Chencang Museum

玉环

◇ 前仰韶第三期文化
◇ 距今 7300—6900 年
◇ 穿径 1.5 厘米，环外直径 2.6 厘米，宽 1.5 厘米
◇ 宝鸡市陈仓区关桃园遗址出土
◇ 宝鸡市陈仓区博物馆收藏

白色，器较小，环状，环断面呈枣核形。琢磨光滑，有透明感。

Jade Ring

Yangshao Culture
Inner Diameter 1.5cm ◇ External Diameter 2.6cm ◇ Width 1.5cm
Chencang Museum

玉铲

◇ 新石器时代
◇ 距今 1 万年—4000 年前
◇ 长 14.7 厘米，宽 8.0 厘米，厚 1.3 厘米
◇ 宝鸡县（今宝鸡市渭滨区）晁峪遗址出土
◇ 宝鸡市陈仓区博物馆收藏

　　白色，扁状长方梯形，双面开刃，上端有明显的撞击使用痕迹和红沁，上端下方双面有使用时手指能稳定器物的凿窝，通体素面。、

Jade Spade
Neolithic Age
Length 14.7cm ◇ Width 8.0cm ◇ Thickness 1.3cm
Chencang Museum

四、原始传说

◇ 陈仓区贾村塬北端有个桥镇村，村东有座山，山上遍布白荆，每年春天白花遍野，如雪似云，故名「白荆山」。山上自古就建有女登圣母庙，史载「有蟜氏之女名登，为少典正妃」，生炎帝于宝鸡常羊山。相传有年春三月，女登圣母游于白荆山，采花时不慎滑落深深涧身亡，遂葬于山，人称「蟜冢」。星移斗转，「蟜冢」演变成了「桥镇」，白荆山也因「蟜冢」而闻名遐迩。

◇ 2009年，文物普查队在桥镇遗址中共采集到新石器时代龙山文化时期的板瓦一片、筒瓦三片、槽型瓦两片。这些三瓦片的历史可以追溯到4000年前，是我国迄今发现的最早的建筑陶瓦，堪称「华夏第一瓦」。它不仅标志着原始房屋建筑材料和建筑技术水平的历史性飞跃，而且从一个侧面反映出桥镇遗址内建筑的奢华与考究。屋脊或天沟等处用筒瓦覆盖，屋顶面用板瓦和槽瓦处理，有效地解决了屋顶的渗漏问题，这应该是中国古代建筑技术史上一次最具革命性的进步。

红陶筒瓦

◇ 龙山文化时期
◇ 公元前 2500 年—前 2000 年
◇ 长 26.0 厘米，宽 11.5 厘米，高 6.0 厘米
◇ 宝鸡市陈仓区桥镇遗址出土
◇ 宝鸡市考古研究所收藏

  长条半筒状，红陶，为泥条盘制，一头宽一头窄，窄头微内卷，面饰为不规则的篮纹，内壁不规则，素面，有泥条盘制的痕迹。

Red Pottery Imbrex

Longshan Culture
Length 26.0cm ◇ Width 11.5cm ◇ Height 6.0cm
Baoji Archaeology Institute

历史陈仓

◆ 陈仓，八百里秦川之开端，『太公钓鱼』『文王访贤』传颂千年，凝聚周人江山社稷的起点；『明修栈道，暗度陈仓』演绎秦汉风云变幻的史诗；驼铃悠扬，商旅络绎，丝路驿站映射大唐风采；宝象天成，八仙齐聚，佛道交汇点化世间万象；神秘吴岳，国祭山川，香火不断数千年，延续灿烂的历史陈仓。

一、太伯奔吴 礼让天下

◇据《史记·吴太伯世家》记载：吴太伯与其弟仲雍，均为周太王之子，王季历之兄。季历十分贤能，又有一个具有圣德的儿子昌（周文王），因此太王想立季历以便传位给昌，太伯、仲雍二人奔吴，像当地蛮人一样身上刺满花纹、剪断头发，以示不再继位，把继承权让给季历。太伯后逃往荆蛮，自称『句（gōu）吴』。荆蛮人认为他很有节义，追随附顺他的有一千余户，尊立他为吴太伯。学者研究奔吴之地就在吴山脚下。

吴泰伯像　选自明《三才图绘》

高领双耳陶罐

◇ 商
◇ 公元前 16—前 11 世纪
◇ 高 42.5 厘米，口径 16.5 厘米，腹径 30.0 厘米
◇ 宝鸡县（今宝鸡市渭滨区）晁峪遗址出土
◇ 宝鸡市陈仓区博物馆收藏

　　直口，高领，溜肩，鼓腹，腹斜下收，平底，腹两侧有桥形双耳，通体饰交错绳纹。

Pottery Jar with High-neck and Double-handles
Shang Dynasty
Height 42.5cm ◇ Diameter of Mouth 16.5cm ◇ Diameter of Belly 30.0cm
Chencang Museum

高领袋足鬲

◇ 商
◇ 公元前 16—前 11 世纪
◇ 口径 21.0 厘米，高 23.5 厘米
◇ 宝鸡县（今宝鸡市渭滨区）晁峪遗址出土
◇ 宝鸡市陈仓区博物馆收藏

　　侈口，高领，桥形双耳，大袋足分裆，尖柱状足，通体饰竖向及斜向绳纹，局部有交错，口沿外侧堆塑花边状泥条。

Pottery Li with high neck
Shang Dynasty
Diameter of Mouth 21.0cm ◇ Height 23.5cm
Chencang Museum

戈父辛鼎

◇ 西周
◇ 公元前 11 世纪—前 771 年
◇ 通高 26.5 厘米，口径 21.0 厘米，腹径 22.0 厘米
◇ 宝鸡县（今宝鸡市陈仓区）贾家崖村出土
◇ 宝鸡市陈仓区博物馆收藏

Bronze Ding Named Gefuxin
Xizhou Dynasty
Full Height 26.5cm ◇ Diameter of Mouth 21.0cm
Diameter of Belly 22.0cm
Chencang Museum

　　圆鼎，敛口，窄折沿，方唇，口沿上有一对立耳，深腹微鼓，圜底，三柱足较粗壮。口沿下饰一周圆涡纹和简化的夔纹相间，并以云雷纹衬底的纹带，其他部位光素。鼎内壁一侧铸铭文"辛父戈"一行 3 字。戈族是夏朝的遗民，以国为姓。西周时期的戈国墓地在陕西泾阳高家堡发现。戈器在黄河和长江流域都有发现，多集中在陕西泾阳和河南洛阳一带。

乳丁纹铜簋

◇ 商
◇ 公元前 16—前 11 世纪
◇ 高 16.0 厘米，口径 23.5 厘米
◇ 宝鸡县（今宝鸡市陈仓区）钓渭镇新庄村出土
◇ 宝鸡市陈仓区博物馆收藏

侈口，外卷缘，深腹，高圈足，腹上部饰浅浮雕兽首，以云雷纹为底，腹下部饰细密的乳丁纹，以云雷纹为底，圈足表面饰夔龙纹，以云雷纹为底。

Bronze Gui with Papilla Patterns
Shang Dynasty
Height 16.0cm ◇ Diameter of Mouth 23.5cm
Chencang Museum

二、文王访贤　方国并存

◇ 文王访贤：商纣王刚愎自用，倒行逆施，引发天怒人怨。周文王广施仁政，见纣王昏庸残暴，丧失民心，遂决定讨伐商纣。可是他身边缺少一个有军事才能的人，他打听到渭河南岸、磻溪之滨有个贤能之人叫姜尚，字子牙，便沐浴斋戒，于磻溪之野访到姜子牙。姜子牙是文王的绝好帮手，他一面提倡生产，一面训练兵马，一面剪灭商王的羽翼，伐犬戎，灭密须、崇国，周族的势力一天比一天强大。公元前1046年，周武王在姜子牙的辅佐下灭商。

何尊

- 西周
- 公元前 11 世纪—前 771 年
- 口径 28.6 厘米，高 39.0 厘米，重 14.6 千克
- 宝鸡县贾村公社（今宝鸡市陈仓区贾村镇）贾村出土
- 宝鸡青铜器博物院收藏

　　器形椭方，口圆而外侈，四面中线均隆起透雕棱脊。口下以棱脊为间隔，饰蝉纹和卷曲蚕纹。上腹饰大兽面，双角翘出器外，下腹亦饰兽面纹，形象与上腹不同。全器均以云雷纹填底。

Bronze Zun Named He

A Kind of Wine Container Made in Xizhou Dynasty was Excavated Jiacun Town in Baoji County(Chencang District).
There are 119 Words in 12 Lines on the Bottom of Hezun.
Two Characters "China" are the Original Discovery in the History.
Diameter of Mouth 28.6cm ◇ Height 39.0cm ◇ Weight 14.6kg
Baoji Bronze Museum

铭文字数：内底铸铭文12行122字。

铭文中的"中国"二字成词组出现是至今最早的发现。

隹（唯）王初𨗉（遷）宅于（于）成周，復（復）禀珷（武）王豊（禮），裸（祼）自天，才（在）三（四）月丙戌，王寉（誥）宗小子于（于）京室，曰：昔才（在）爾考公氏，克逑（弼）玟（文）王，肆（肆）玟（文）王受丝（茲）大命，隹（唯）珷（武）王既克大邑商，則（則）廷告于（于）天，曰：余才（其）宅丝（茲）中或（國），自丝（茲）乂（辭）民，烏乎（呼），爾有唯（雖）小子亡哉（識），覡（視）于（于）公氏，有爵（庸—功）于（于）天，敳（徹）令（命），苟（敬）亯（享）戈（哉），叀（唯）王龏（恭）德谷（裕）天，順（訓）我不每（敏），王咸亯（誥），庎（何）易（錫）貝卅朋，用乍（作）㒳（庚）公寶隣（尊）彝，隹（唯）王五祀

鼏鼎

◇ 西周
◇ 公元前 11 世纪—前 771 年
◇ 高 24.0 厘米，口径 20.8 厘米
　腹径 21.3 厘米，腹深 13.1 厘米
◇ 宝鸡县（今宝鸡市陈仓区）博物馆征集
◇ 宝鸡市陈仓区博物馆收藏

　　圆鼎，敛口，窄折沿，方唇，口沿上有一对立耳，深腹微鼓，圜底，三柱足，口沿下饰一周变形夔龙纹。鼎内壁铸铭文 4 行 20 字："隹（唯）十又二月初吉丙申，在井，中（仲）易（赐）鼏贝囗（用）乍（作）宝障（尊）彝。"字口极浅，似有刻意打磨毁损的迹象，也可能是浇铸缺陷导致。铭文中"贝""障"和"彝"三字仅能辨识出部分笔画，"用"字已经看不清楚，据上下文推测所得。作器者"鼏"属首次出现，这为金文人名增添了新的资料。

Bronze Ding named Su

Xizhou Dynasty
Height 24.0cm ◇ Diameter of Mouth 20.8cm
Diameter of Belly 21.3cm ◇ Depth of Belly 13.1cm
Chencang Museum

凤鸟纹方鼎

◇ 西周
◇ 公元前 11 世纪—前 771 年
◇ 通高 14.5 厘米，口长 14.5 厘米，宽 10.5 厘米
　腹长 15.5 厘米，宽 11.5 厘米，深 7.0 厘米
◇ 宝鸡县（今宝鸡市陈仓区）博物馆征集
◇ 宝鸡市陈仓区博物馆收藏

　　方形鼎，敛口，双立耳，深腹下垂，弧底，四柱足，腹上部饰凤鸟纹间饰涡纹，底部饰交叉宽带纹，内底部有铭文"伯作宝鼎"4 字。

Square-shaped Ding with Phoenix Patterns
Xizhou Dynasty
Full-Height 14.5cm ◇ Length of Mouth 14.5cm
Width of Mouth 10.5cm ◇ Length of Belly 15.5cm ◇ Depth 7.0cm
Chencang Museum

文王访贤　方国并存

兽面纹甗

◇ 西周
◇ 公元前 11 世纪—前 771 年
◇ 口径 29.0 厘米，通高 47.5 厘米
◇ 宝鸡县（今宝鸡市陈仓区）天王镇寨子村出土
◇ 宝鸡市陈仓区博物馆收藏

　　连体甗，甑部侈口，双绳纹立耳，深腹，内有箅格，束腰，腹上部饰夔龙纹一周；鬲部连裆，柱状足，裆比较高，鬲饰象面纹，双眉向上，眼睛向外突出，张口，眉心有菱形尖突。

Bronze Yan with Beast Patterns

Xizhou Dynasty
Diameter of Mouth 29.0cm ◇ Full-Height 47.5cm
Chencang Museum

鸟纹壶

◇ 西周
◇ 公元前 11 世纪—前 771 年
◇ 高 35.7 厘米，口径 11.8 厘米
◇ 宝鸡县（今宝鸡市陈仓区）西高泉村出土
◇ 宝鸡市陈仓区博物馆收藏

直口，束颈，斜肩，垂腹，矮圈足外侈，颈部两侧饰兽耳衔环一对，颈部上侧饰三角窃曲纹，下侧饰凤鸟纹，以云雷纹为底，腹部饰垂鳞纹条带，条带上饰菱形乳突，圈足饰窃曲纹，底部略鼓，留有十字交叉铸棱。

Bronze Pot with Bird Patterns

Xizhou Dynasty
Height 35.7cm ◇ Diameter of Mouth 11.8cm
Chencang Museum

饕餮纹方座带铃簋

- 西周
- 公元前 11 世纪—前 771 年
- 通高 26.3 厘米，口径 20.5 厘米，耳距 31.5 厘米
  腹深 12.3 厘米，底座长 9.0 厘米，宽 8.5 厘米，高 11.2 厘米
- 宝鸡县峡石乡（今宝鸡市金台区峡石镇）林家村出土
- 宝鸡市陈仓区博物馆收藏

方座簋，侈口，鼓腹，两侧带半环状兽面形双耳，附方垂珥，矮圈足，腹部饰高浮雕饕餮纹，中间两面有扉棱，圈足饰夔龙纹；方座四面饰浅浮雕饕餮纹，方座内挂一铜铃。

Square-Shaped Base Bronze Gui with Taotie Patterns
Xizhou Dynasty
Full-Height 26.3cm ◇ Diameter of Mouth 20.5cm ◇ Distance between Ears 31.5cm
Depth of Belly 12.3cm ◇ Bottom 9.0cm ◇ Length 8.5cm ◇ Height 11.2cm
Chencang Museum

窃曲纹簋

◇ 西周
◇ 公元前 11 世纪—前 771 年
◇ 通高 17.5 厘米，口径 21.0 厘米，耳距 12.5 厘米，底径 21.0 厘米
◇ 宝鸡县（今宝鸡市陈仓区）虢镇出土
◇ 宝鸡市陈仓区博物馆收藏

敛口，鼓腹，二兽耳，附方垂珥，矮圈足外侈，三矮柱腿，口沿下饰窃曲纹，腹下饰瓦棱纹，圈足饰三兽面纹。

Bronze Gui with *Qiequ* Patterns
Xizhou Dynasty
Full-Height 17.5cm ◇ Diameter of Mouth 21.0cm
Distance between Ears 12.5cm ◇ Diameter of Bottom 21.0cm
Chencang Museum

玉鱼

◇ 西周
◇ 公元前 11 世纪—前 771 年
◇ 长 6.8 厘米
◇ 宝鸡县（今宝鸡市陈仓区）阳平镇新秦村出土
◇ 宝鸡市陈仓区博物馆收藏

片状鱼形，黄玉，鱼唇上翘，嘴部有穿孔，阴刻斜线状背鳍，鱼尾上翘。

Jade Fish

Xizhou Dynasty
Length 6.8cm
Chencang Museum

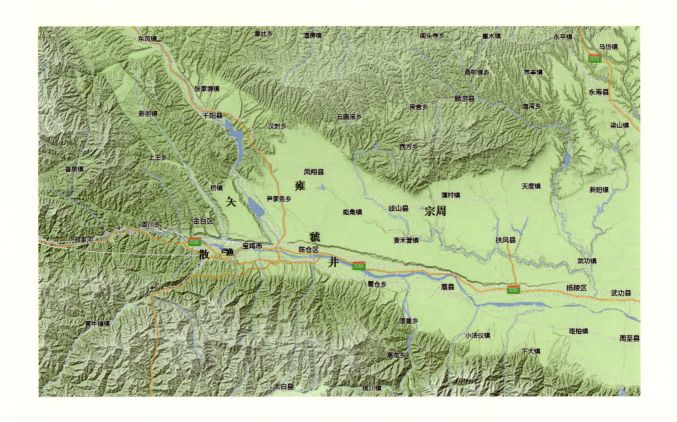

方国并存

公元前 1046 年，武王灭商，建立了西周王朝，定都镐京（今陕西西安西王寺一带），大封诸弟功臣建立采邑，其中封姜尚于申（今陕西眉县、周至一带），散宜生于散（今陈仓虢镇渭河南至大散关），封彊伯于彊（今宝鸡市南竹园沟一带），分邢叔于郑（今陕西凤翔以南）。另外，今贾村塬至长青一线还有夨，更北的千、陇一线还有虞国。原已封的西虢与东虢，还有周、召等采邑仍在。西虢处在邢、召、申、散、彊、夨之中。

夨王簋盖

◇ 西周
◇ 公元前 11 世纪—前 771 年
◇ 口径 22.2 厘米,高 7.2 厘米,重 1.3 千克
◇ 宝鸡县贾村公社(今宝鸡市陈仓区贾村镇)上官村出土
◇ 宝鸡青铜器博物院收藏

捏手呈圈状,盖上铸成瓦沟纹,盖沿饰窃曲纹。盖内顶铸铭文 17 字。

Bronze Gui Cover of the King Named *Ze*
Xizhou Dynasty
Diameter of Mouth 22.2cm ◇ Height 7.2cm ◇ Weight 1.3kg
Baoji Bronze Museum

夨王乍(作)奠(鄭)姜隋(尊)殷(簋),子子孙孙眔(其)迈(萬)年永寶用。

虢季子白盘

◇ 西周
◇ 公元前 11 世纪—前 771 年
◇ 口横 130.2 厘米，口纵 82.7 厘米
　高 41.3 厘米，重 215.3 千克
◇ 清道光年间，宝鸡县虢川司（今宝鸡市陈仓区）出土
◇ 中国国家博物馆收藏

　　圆角长方槽形，直口方唇，下腹收敛，平底下有四个矩型矮瓦足，四壁各有龙首衔环耳一对。口沿下饰窃曲纹，腹饰波曲（环带）纹。
　　铭文字数：内底铸铭文 8 行 111 字。

西虢

　　虢是先周时期的地名，在今宝鸡市陈仓区虢镇和凤翔县虢王镇一带。先周时期，文王将二位弟弟封于虢，史称"虢仲""虢叔"，又称"二虢"。武王灭商分封诸侯，封出两个虢国，一东一西，史称"东虢""西虢"。虢叔封东虢，在今河南荥阳一带，虢仲封西虢，在今宝鸡市陈仓区虢镇和凤翔县虢王镇一带。西周晚期，由于北方部族的发展影响到西虢的安危，虢仲后人开始向上阳（今河南三门峡一带）东迁，并在此建都，史称"南虢"。到周平王东迁时，西虢已经迁移结束，留有余部，史称"小虢"。史载小虢后被秦武公所灭。
　　清代宝鸡县东乡（今宝鸡市陈仓区虢镇东）出土虢仲盨盖，此器属西周晚期，铭文表明作器人为虢仲，是西虢国君的传人。清代道光年间宝鸡县虢川司（今宝鸡市陈仓区虢镇南）出土了西周晚期虢季子白盘，铭文表明作器人为虢季子白，虢季是西虢虢仲后人的分支。上世纪 50 年代、90 年代末和 2000 年在河南三门峡上村岭墓地、李家窑遗址考古发掘发现虢仲大墓、虢季墓、上阳周城，这一重大发现逐渐揭开了西虢迁移及南虢历史变化的过程。

Ji Zibai Plate of the Guo State

Xizhou Dynasty
Transverse Diameter of Mouth 130.2cm
Lengthways Diameter of Mouth 82.7cm
Height 41.3cm ◇ Weight 215.3kg
China National Museum

隹（唯）十又二年正月初吉丁亥，虢季子白乍（作）宝盘，不（丕）显子白，壮武于戎工（功），经缵（维）三（四）方，博（搏）伐猃（玁）狁（狁），于洛之阳，折首五百，执嘼（訊）五十，是召（以）先行，趩=（桓桓）子白，献或（馘）于王=（王，王）孔加（嘉）子白义，王各（格）周庙宣廎（榭），爰卿（飨），王曰：白父，孔规又（有）光，王赐（锡）乘马，是用左（佐）王，赐（锡）用弓，彤矢其央，赐（锡）用戊（钺），用政（征）缵（蛮）方，子=（子子）孙=（孙孙），万年无疆（疆）。

南宫柳鼎

◇ 西周
◇ 公元前 11 世纪—前 771 年
◇ 口径 40.0 厘米，腹深 21.9 厘米，
　高 38.8 厘米，重 10.4 千克
◇ 宝鸡县（今宝鸡市陈仓区）虢镇出土
◇ 中国国家博物馆收藏

　　双立耳，平折沿，三蹄足，深腹圜底。口下饰垂冠回首夔龙纹。
　　铭文字数：内壁一侧铸铭文 8 行 79 字。

Bronze Ding Named Nangongliu
Xizhou Dynasty
Diameter of Mouth 40.0cm ◇ Depth of Belly 21.9cm
Height 38.8cm ◇ Weight 10.4kg
China National Museum

佳（唯）五月初吉甲寅，王才（在）康廟，武公有（右）南宮柳即立（位）中廷，北卿（嚮）。王乎（呼）乍（作）冊尹冊令（命）柳：嗣（司）六𠂤（師）牧阦（場）大𠭯（友），嗣（司）羲夷阦（場）佃史（事），易（錫）女（汝）赤市（韍）、幽黄（衡）、攸（鋚）勒。柳搓（拜）頴（稽）首，對乳（揚）天子休，用乍（作）朕（朕）剌（烈）考𣄰（尊）鼎，囦（其）萬年子=（子子）孫=（孫孫）永寶用。

牛头纹当卢

◇ 西周
◇ 公元前 11 世纪—前 771 年
◇ 高 12.0 厘米
◇ 宝鸡县（今宝鸡市陈仓区）虢镇出土
◇ 宝鸡市陈仓区博物馆收藏

半浮雕牛头状。高翘的牛角上饰"人"字纹，在当卢的泡总汇以及下部饰浮雕的小牛头，双角弯曲，牛眼怒睁，当卢背部有固定绳索的三个横杆。

Bronze Horse-Gadget with Ox-Head Design
Xizou Dynasty
Height 12.0cm
Chencang Museum

牛头纹泡

◇ 春秋
◇ 公元前 770—前 476 年
◇ 直径 9.5 厘米
◇ 宝鸡县（今宝鸡市陈仓区）西高泉村出土
◇ 宝鸡市陈仓区博物馆收藏

圆形，泡面饰牛头。

Bronze Horse-Gadget with Ox-Head Design
Chunqiu Dynasty
Diameter 9.5cm
Chencang Museum

人兽车辖

◇ 西周
◇ 公元前 11 世纪—前 771 年
◇ 高 16.3 厘米
◇ 宝鸡县（今宝鸡市陈仓区）天王镇寨子村出土
◇ 宝鸡市陈仓区博物馆收藏

虎头辖，侈嘴，虎牙外露，直鼻饰"人"字纹，怒目圆睁；虎头上跪一裸体人，大耳，长发卷在脑后，突额、宽眉、大眼，高鼻梁，大鼻头十字嘴，裸身，高乳，双手扶在虎耳上，长方辖身，尾有方孔。

Bronze Linchpin with Man and Beast Patterns
Xizhou Dynasty
Height 16.3cm
Chencang Museum

陈仓记忆

牛首纹马镳

◇ 春秋
◇ 公元前 770—前 476 年
◇ 长 13.0 厘米
◇ 宝鸡县（今宝鸡市陈仓区）千河镇冯家咀村出土
◇ 宝鸡市陈仓区博物馆收藏

弧形，头部为牛头形，尾部为蛇首形，镳身为圆柱状，饰"人"字纹和绳索纹，背面有两穿孔。

Bronze Bridle Bits with Ox-Head Design
Chunqiu Dynasty
Length 13.0cm
Chencang Museum

兽面纹节约

◇ 春秋
◇ 公元前 770—前 476 年
◇ 长 4.2 厘米，宽 4.0 厘米
◇ 宝鸡县（今宝鸡市陈仓区）千河镇冯家咀村出土
◇ 宝鸡市陈仓区博物馆收藏

四通节约，表面饰有蝉纹、兽面纹、虎首纹等。

Bronze Horse-Gadget with Beast Patterns
Chunqiu Dynasty
Length 4.2cm ◇ Width 4.0cm
Chencang Museum

三、嬴秦屡迁 汧渭都邑

◇ 公元前897年，秦先祖被周王赐为附庸，得到了一块封地，封地位于今天的甘肃礼县一带，也是秦的第一个都城所在地。根据史书记载及考古资料，可以看出秦历经九都八迁，一路向东迁徙，从西犬丘起，经秦邑、汧邑、汧渭之会、平阳、雍城、泾阳、栎阳，抵达咸阳，最终建立起了威武浩荡的大秦帝国。

《帝王世纪》载："秦襄公二年，徙都汧"，秦人算是进入了关中西部边沿，也显示了襄公的雄心大略。公元前770年，西周亡，周平王逃往洛邑，襄公因护驾有功，平王遂把岐以西之地赐给了他，并封秦襄公为诸侯。公元前762年，秦文公迁都汧渭之会（今陈仓区魏家崖村一带）。公元前714年，秦宁公迁都平阳（今陈仓区阳平镇一带）。到秦武公时，岐西之地和渭水流域已被秦人控制。武公死后，武公的弟弟德公于公元前677年继位，都城迁往雍，秦人"后子孙饮马于河"的战略思路逐渐变得越来越清晰。

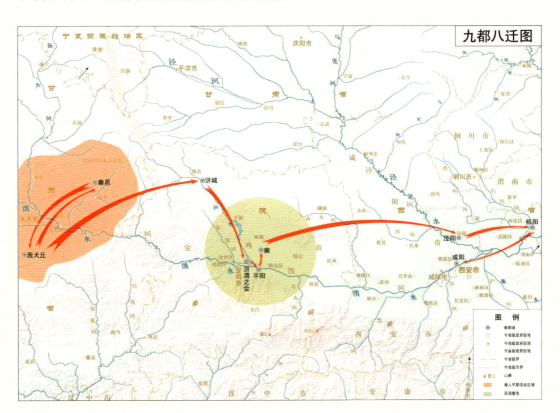

九都八迁图

窃曲纹铜鼎（4件）

◇ 春秋
◇ 公元前 770—前 476 年
◇ 口径 16.8 厘米，通高 14.6 厘米
◇ 口径 16.2 厘米，通高 14.0 厘米
◇ 口径 16.4 厘米，通高 13.0 厘米
◇ 口径 15.4 厘米，通高 13.1 厘米
◇ 宝鸡市陈仓区千河镇魏家崖村出土
◇ 宝鸡市陈仓区博物馆收藏

　　圆口，平折沿，立耳，圆腹底微平，三马蹄足，口沿下和腹部饰窃曲纹，垂鳞纹。

Bronze Gui with *Qiequ* Patterns（4）
Chunqiu Dynasty
Diameter of Mouth 16.8cm ◇ Full-Height 14.6cm
Diameter of Mouth 16.2cm ◇ Full-Height 14.0cm
Diameter of Mouth 16.4cm ◇ Full-Height 13.0cm
Diameter of Mouth 15.4cm ◇ Full-Height 13.1cm
Chencang Museum

窃曲纹铜簋（4件）

◇ 春秋
◇ 公元前 770—前 476 年
◇ 口径 11.0 厘米，通高 12.8 厘米，宽 20.0 厘米
◇ 口径 11.0 厘米，通高 12.8 厘米，宽 19.3 厘米
◇ 口径 11.0 厘米，通高 13.0 厘米，宽 18.9 厘米
◇ 口径 11.0 厘米，通高 12.5 厘米，宽 18.9 厘米
◇ 宝鸡市陈仓区千河镇魏家崖村出土
◇ 宝鸡市陈仓区博物馆收藏

圆形，环形着手，盖饰瓦楞纹，窃曲纹，子母口，圆鼓腹，饰窃曲纹，瓦楞纹，腹两侧附螺纹角兽首耳，下敞口环形足，带方形三兽腿。

Bronze Gui with *Qiequ* Patterns（4）
Chunqiu Dynasty
Diameter of Mouth 11.0cm ◇ Full-Height 12.8cm ◇ Width 20.0cm
Diameter of Mouth 11.0cm ◇ Full-Height 12.8cm ◇ Width 19.3cm
Diameter of Mouth 11.0cm ◇ Full-Height 13.0cm ◇ Width 18.9cm
Diameter of Mouth 11.0cm ◇ Full-Height 12.5cm ◇ Width 18.9cm
Chencang Museum

窃曲纹铜盘

◇ 春秋
◇ 公元前 770—前 476 年
◇ 口径 25.7 厘米，通高 12.4 厘米，腹深 5.0 厘米
◇ 宝鸡市陈仓区千河镇魏家崖村出土
◇ 宝鸡市陈仓区博物馆收藏

　　圆盘，附耳，浅圆腹，饰窃曲纹，下敞口圈足，饰垂鳞纹，带三小兽形方腿。

Bronze Plate with *Qiequ* Patterns

Chunqiu Dynasty
Diameter of Mouth 25.7cm
Full-Height 12.4cm ◇ Deep of Belly 5.0cm
Chencang Museum

嬴秦屡迁　汧渭都邑

鸟纹铜盉

◇ 春秋
◇ 公元前 770—前 476 年
◇ 通高 19.7 厘米，宽 21.5 厘米
◇ 宝鸡市陈仓区千河镇魏家崖村出土
◇ 宝鸡市陈仓区博物馆收藏

　　扁形，凤鸟方斗形盖，饰蟠螭纹，器方口平折沿，束颈，两侧为柱形兽首流和环形兽首鋬手，并饰蟠螭纹，盉两面饰各两组窃曲纹，四兽足。

Bronze He with Bird Patterns
Chunqiu Dynasty
Full-Height 19.7cm ◇ Width 21.5cm
Chencang Museum

蟠螭纹铜壶（2件）

◇ 春秋
◇ 公元前 770—前 476 年
◇（左）通高 23.1 厘米，宽 15.0 厘米
◇（右）通高 23.8 厘米，宽 15.0 厘米
◇ 宝鸡市陈仓区千河镇魏家崖村出土
◇ 宝鸡市陈仓区博物馆收藏

　　椭方形，着手内和盖沿部饰窃曲纹，子母口，器颈微束，饰环带纹，附两兽首耳，斜肩，垂腹，饰蟠螭纹，椭方圈足外侈。

Bronze Pot with *Panchi* Patterns
Chunqiu Dynasty,
(Left)Full-Height 23.1cm◇Width15.0cm
(Right)Full-Height 23.8cm◇Width15.0cm
Chencang Museum

铜甬钟

◇ 春秋公元前 770—前 476 年
◇（左）高 10.8 厘米，口径 5.2 厘米，腹径 3.5 厘米
◇（中）高 12.8 厘米，腹围 13.5 厘米
◇（右）高 23.0 厘米，铣径 9.0 厘米
◇（左）（中）宝鸡县（今宝鸡市陈仓区）千河镇冯家咀村出土
◇（右）宝鸡县（今宝鸡市陈仓区）西高泉村出土
◇ 宝鸡市陈仓区博物馆收藏

甬钟，舞部饰夔纹，钲部饰夔纹，细柱状枚，铣部高弧。（右）甬钟舞饰钩云纹，铮部有两组枚，每组各三行三列，枚间有篆，篆饰钩云纹，鼓表面饰两组窃曲纹，左侧有鸟形音阶符号，铣部圆弧，钟内部有竖向凹槽。

Bronze Bells

Chunqiu Dynasty
(Left One)Height 10.8cm ◇ Diameter of Mouth 5.2cm ◇ Diameter of Belly 3.5cm
(Middle One)Full-Height 12.8cm ◇ Diameter of Belly 13.5cm
(Right One)Full-Height 23.0cm ◇ Diameter of Mill 9.0cm
Chencang Museum

窃曲纹玉玦

◇ 春秋
◇ 公元前 770—前 476 年
◇ 直径 3.0 厘米，厚 0.6 厘米
◇ 宝鸡市陈仓区千河镇魏家崖村出土
◇ 宝鸡市陈仓区博物馆收藏

  正面饰双首龙纹，龙首相向玉玦口处，侧面饰窃曲纹，背为素面。

Jade Jue with *Qiequ* Patterns
Chunqiu Dynasty
Diameter 3.0cm　Thickness 0.6cm
Chencang Museum

金虎

◇ 春秋
◇ 公元前 770—前 476 年
◇ 长 4.5 厘米，厚 0.15cm
◇ 宝鸡县（今宝鸡市陈仓区）千河镇魏家崖村出土
◇ 宝鸡市陈仓区博物馆收藏

金虎半浮雕，卧式，昂首侧望，双耳直立，双目圆睁，虎牙外翻，四肢前屈，卧腰，尾上卷，身体表面饰卷云纹和"人"字纹。

Golden Tiger
Chunqiu Dynasty
Length 4.5cm ◇ Thickness 0.15cm
Chencang Museum

蟠螭纹金铺首

◇ 春秋
◇ 公元前 770—前 476 年
◇ 长 2.8 厘米，厚 0.15 厘米
◇ 宝鸡县（今宝鸡市陈仓区）千河镇魏家崖村出土
◇ 宝鸡市陈仓区博物馆收藏

兽首长方形，半浮雕，兽面饰一对称的蟠螭纹，眉角上翘，圆眼外突，兽舌向下长出翻卷成环，并衔一素面玉环。

Golden Beast Head with Jade Ring
Chunqiu Dynasty
Length 2.8cm ◇ Thickness 0.15cm
Chencang Museum

错金银带钩

◇ 战国
◇ 公元前 475—前 221 年
◇ 长 22.0 厘米，宽 4.3 厘米
◇ 宝鸡市陈仓区博物馆征集
◇ 宝鸡市陈仓区博物馆收藏

器呈琵琶形，龙首，长颈，鼓腹棱面，腹满饰错金银窃曲纹，背素面有钮。

Bronze Gold-inlaid Hook
Zhanguo Dynasty
Length 22.0cm　Width 4.3cm
Chencang Museum

秦公钟 秦公镈 惊世出土

1978年1月,在宝鸡县杨家沟公社太公庙大队(今宝鸡市陈仓区东关街道办太公庙村)出土了钟5件,镈3件。

秦公钟、秦公镈不但形体较大,纹饰极其华丽,而且铭文非常重要,8件乐器上分铸5套铭文,内容完全一致,记载了秦人早期的历史,也为秦宁公都平阳的研究提供了重要的线索。

另外,秦公钟、秦公镈铸的铭文结体大屈大伸,疏密有致,逸秀大方,其篆法方圆兼施,铁勾金绳,诘曲随体,犹似彩衣临风,有飘逸之感。而行笔遒美流畅,起止自如,为成熟之风格,它是我国书法艺术宝库中的一朵奇葩。

燹（秦）公曰："我先且（祖）受天命，爾（賞）宅受或（國），剌=（烈烈）卲（昭）文公、靜公、憲公，不豕（墜）于上，卲（昭）合（答）皇天，㠯（以）虩事䜌（蠻）方。"公及王姬曰："余小子，余夙夕虔敬朕（朕）祀，㠯（以）受多福，克明又（有）心，盩（戾）龢（和）胤士，咸畜（畜、蓄）左右，藹=（藹藹）允義，翼翼受明德，㠯（以）康奠協（協）朕（朕）或（國），盜（盜）百䜌（蠻）昇（俱）即其。"

秦公钟甲

◇ 春秋
◇ 公元前 770—前 476 年
◇ 通高 48.0 厘米，甬高 17.0 厘米，铣间 27.0 厘米，鼓间 20.4 厘米，重 24.0 千克
◇ 宝鸡县杨家沟公社（今宝鸡市陈仓区东关街道办）太公庙村出土
◇ 宝鸡青铜器博物院收藏

甬上饰四条小龙，龙体相互缠绕，旋上饰目云纹，干饰重环纹，舞部饰变形夔龙纹，篆间饰两对相向的夔龙纹，鼓部饰两对凤鸟。钟体内侧各有六道调音槽。

钲间、上边及左栾和左鼓刻铭文 86 字。

Bronze Bell of Qin King

Chunqiu Dynasty
Full-Height 48.0cm Height of Handle 17.0cm Space between Mills 27.0cm
Space between Drums 20.4cm Weight 24.0kg
Baoji Bronze Museum

秦公镈丙

◇ 春秋
◇ 公元前 770—前 476 年
◇ 通高 64.3 厘米，钮高 19.0 厘米，舞横 26.5 厘米，舞纵 22.6 厘米，鼓间 29.5 厘米，铣间 35.0 厘米，重 46.5 千克
◇ 宝鸡县杨家沟公社（今宝鸡市陈仓区东关街道办）太公庙村出土
◇ 宝鸡青铜器博物院收藏

Bronze Bell of Qin King

Chunqiu Dynasty
Full-Height 64.3cm Height of Handle 19.0cm Width of wielding 26.5cm
Length of wielding 22.6cm Space between Drums 29.5cm
Space between Mills 35.0cm Weight 46.5kg
Baoji Bronze Museum

椭圆长体，于部略敛，口平齐，器身有四道扉棱，两侧的扉棱由九条透雕连环盘绕的夔龙组成，会集于舞部，连接成悬钮。正面和背面的扉棱由五条透雕连环的夔龙和一只凤鸟盘绕而成。舞部饰四龙一凤，镈身中部上下各饰一条由变形蝉纹、窃曲纹菱形纹作围边的带纹。带纹中有四组夔龙纹。内壁有四道调音槽。

鼓部刻铭文 135 字。

鰲(秦)公曰："我先且(祖)受天命，齎(賞)宅受或(國)，剌=(烈烈)卲(昭)文公、靜公、憲公，不家(墜)于上，卲(昭)合(答)皇天，吕(以)虩事蠻(蠻)方。"公及王姬曰："余小子，余夙(夙)夕虔敬朕(朕)祀，吕(以)受多福，克明又(㞢)心，盭(盭)龢(和)胤士，咸畜(畜、蓄)左右，藹=(藹藹)允義，翼(翼)受明德，吕(以)康奠奠(奠)龏(協)朕(朕)或(國)，盜(盜)百蠻(蠻)尃(俱)即其服(服)，乍(作)厥(厥)龢(和)鐘，匽(靈)音鉠=(肅肅)雝=(雍雍)，吕(以)匽(宴)皇公，吕(以)受大福，屯(純)魯多釐，大壽(壽)萬年。"鰲(秦)公殹(其)畯龄(綺)才(在)立(位)，雁(膺)受大令(命)，覼(眉)壽(壽)無彊(疆)，匍(敷)有(佑)三(四)方，殹(其)康寶。

错金银蟠螭纹铜提梁壶

◇ 战国
◇ 公元前 475—前 221 年
◇ 高 21.5 厘米，口径 8.5 厘米，底径 10.2 厘米
◇ 宝鸡县石羊庙乡（今宝鸡市陈仓区千河镇）北坡村出土
◇ 宝鸡市陈仓区博物馆收藏

球面盖，直口，束颈，溜肩，两侧有铺首衔环一对，圆鼓腹，矮圈足，通体饰蟠螭纹，凤鸟纹，三角纹，桃形纹等，纹饰均用金银相错，有绿松石已脱落留下的嵌痕。后世附接龙首形提梁。

Bronze Gold and Silver Plated Pot with *Panchi* Patterns and a Handle
Zhanguo Dynasty
Height 21.5cm ◇ Diameter of Mouth 8.5cm ◇ Diameter of Bottom 10.2cm
Chencang Museum

鳞纹铜鱼饰

◇ 春秋
◇ 公元前 770—前 476 年
◇ 长 19.5 厘米
◇ 宝鸡县（今宝鸡市陈仓区）西高泉村出土
◇ 宝鸡市陈仓区博物馆收藏

片状鱼形，头部有一穿孔，鱼身两侧饰鱼鳞纹。

Bronze Fish with Scale Patterns
Chunqiu Dynasty
Length 19.5cm
Chencang Museum

"士"铭铜鼎

◇ 战国
◇ 公元前 475—前 221 年
◇ 通高 16.0 厘米，宽 15.2 厘米
◇ 宝鸡县（今宝鸡市陈仓区）西高泉村出土
◇ 宝鸡市陈仓区博物馆收藏

半球面形盖，有三环形钮，器呈子母圆口，鼓腹，环状附耳，圜底，三马蹄足，通体素面，盖和器身刻铭"士"字。

Bronze Ding with Shi Character
Zhanguo Dynasty
Full-Height 16.0cm ◇ Width 15.2cm
Chencang Museum

蟠虺纹铜壶

◇ 战国
◇ 公元前 475—前 221 年
◇ 高 42.5 厘米，口径 6.1 厘米
◇ 宝鸡县宁王乡（今宝鸡市陈仓区阳平镇）联合村出土
◇ 宝鸡市陈仓区博物馆收藏

圆侈口，细长颈，口外侧饰四衔环兽面，溜肩，两侧一对兽首衔环，球形腹，腹部饰网带纹，网带内饰细密的蟠虺纹，圜底，矮圈足。

Bronze Pot with *Panchi* Patterns

Zhanguo Dynasty
Height 42.5cm Diameter of Mouth 6.1cm
Chencang Museum

郁夷瓦当

- 汉
- 公元前 206—公元 220 年
- 直径 16.0 厘米，厚 2.0 厘米
- 宝鸡市陈仓区阳平镇宁王遗址出土
- 宝鸡市陈仓区博物馆收藏

圆形当，宽缘，一道凸弦纹，当面篆铭"郁夷"二字。

Eaves Tile with Characters *Yu Yi*
Han Dynasty
Diameter 16.0cm ◇ Thickness 2.0cm
Chencang Museum,

长乐未央瓦当

◇ 汉
◇ 公元前 206—公元 220 年
◇ 直径 14.0 厘米，厚 3.5 厘米
◇ 宝鸡市陈仓区阳平镇宁王遗址出土
◇ 宝鸡市陈仓区博物馆收藏

圆形当，宽缘，当心饰凸平的乳丁，当面分四区，每区有篆书铭文，连起读为"长乐未央"四字。

Eaves Tile

Han Dynasty
Diameter 14.0cm ◇ Thickness 3.5cm
Chencang Museum

四、金戈铁马 陈仓战事

◇ 陈仓,古称西虢,作为周秦文化的发祥地,因其独特的地理位置,历来是兵家必争之地。发生于这方土地上的战争,千百年来无以计数,金戈铁马、南征北战,血与火、兵与戎轮番上演。其中最为著名的战例当是楚汉时期发生于此的"明修栈道,暗度陈仓"和南宋初年的和尚原、方山原宋金争夺战。

    戈是商周时期格斗武器中的绝对主角。其使用方式有三:一是钩,即以戈援勾搭住敌人(尤其颈部),用力回拉,用戈援的下刃和胡杀伤敌人;二是啄,即用援的锋尖啄击敌人;三是椿(冲),即用戈援的上刃往前推击。战车交错时用戈钩杀敌人,威力极大。汉字中与军事有关的字,多附以"戈"旁,如武、战、戎、戮、伐等。

    弩出现于战国早期,由弓发展而来,可"杀人于百步之外"。使用时,将弦张开,以"牙"钩住,将箭置于弩臂上的矢道内,用"望山"瞄准目标,扳动"悬刀",弓弦回弹,箭即射出。弩机的各个部件之间的完美配合将古人对于机械构造的理解展现得淋漓尽致。西方学者认为,中国战国时期的弩机可以和近代的来复枪机相媲美。

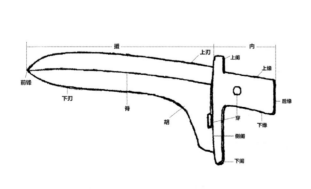 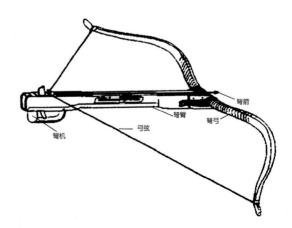

战国弩箭复原图

铜钺

◇ 商
◇ 公元前 16—前 11 世纪
◇ 长 16.8 厘米，宽 7.3 厘米
◇ 宝鸡县（今宝鸡市陈仓区）博物馆征集
◇ 宝鸡市陈仓区博物馆收藏

弧形双面刃，阑较宽，长方形内一圆孔，整器素面。

Bronze Tomahawk
Shang Dynasty
Length 16.8cm ◇ Width 7.3cm
Chencang Museum

单斧

◇ 西周
◇ 公元前 11 世纪—前 771 年
◇ 长 13.7 厘米，宽 5.1 厘米，厚 3.9 厘米
◇ 宝鸡县城关镇（今宝鸡市陈仓区虢镇）收购站拣选征集。
◇ 宝鸡市陈仓区博物馆收藏

长条形，长方形竖銎，一侧有一半环形钮，腰两侧微凹，弧形双面直刃。銎外有一周棱状箍。銎一侧铸有铭文 1 字——"单"。

Bronze Axe Named Shan
Xizhou Dynasty
Length 13.7cm ◇ Width 5.1cm ◇ Thickness 3.9cm
Chencang Museum

师戈

◇ 西周
◇ 公元前 11 世纪—前 771 年
◇ 残长 10.0 厘米
◇ 宝鸡县城关镇（今宝鸡市陈仓区虢镇）收购站拣选征集。
◇ 宝鸡市陈仓区博物馆收藏

较瘦长的三角援，锋端残，低阑下连短方胡，近阑处有两长方形穿，直内末端略呈斜角状。援中间有脊棱，近本部有一不规则穿孔。内壁一侧铸铭文阳文 1 字——"师"。

Bronze Ge Named Shi

Xizhou Dynasty
Length 10.0cm
Chencang Museum

三角援戈

◇ 商
◇ 公元前 16—前 11 世纪
◇ 长 21.6 厘米，宽 7.8 厘米
◇ 宝鸡县（今宝鸡市陈仓区）博物馆征集
◇ 宝鸡市陈仓区博物馆收藏

（左）素面，凸脊，脊近阑部一圆孔，直内部一圆孔。
（中）素面，凸棱脊，脊近阑部一圆孔，阑部二穿，直内有棱形孔。
（右）素面，凸脊，脊近阑部一圆孔，阑部二穿，直内有方孔。

Bronze Ge

Shang Dynasty
Length 21.6cm ◇ Width 7.8cm
Chencang Museum

Bronze Ge
Xizhou Dynasty
Length 22.5cm
Chencang Museum

铜戈（4件）

◇ 西周
◇ 公元前 11 世纪—前 771 年
◇ 长 22.5 厘米
◇ 宝鸡县（今宝鸡市陈仓区）博物馆征集
◇ 宝鸡市陈仓区博物馆收藏

　　右一直援戈，锋残，凸脊无胡，凸阑，有上、下齿，方内，无穿；右二弧形援，弧形锋，短胡，凸阑，有上、下齿，有一穿，弧形内；右三直援戈，短胡，凸脊，凸阑，有下齿，有一穿，方内；右四直援戈，弧形锋，长胡，凸阑，有上、下齿，双穿，方内。

铜戈（5件）

◇ 春秋
◇ 公元前 770—前 476 年
◇ 长 23.0 厘米，宽 11.0 厘米
◇ 宝鸡县（今宝鸡市陈仓区）西高泉村出土
◇ 宝鸡市陈仓区博物馆收藏

Bronze Ge
Chunqiu Dynasty
Length 23.0cm ◇ Width 11.0cm
Chencang Museum

　　三角锋，直援，长胡，有三穿，方内长条孔，右下戈阑上部饰蟠螭纹，内为圆孔。

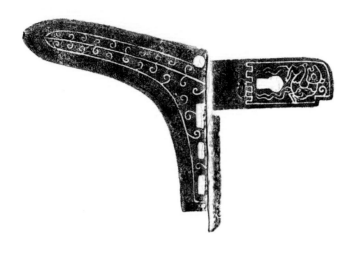

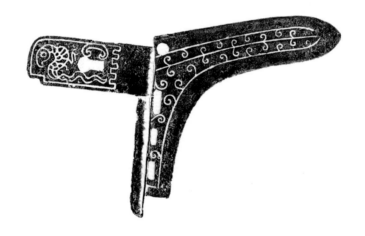

虎纹铜戈

◇ 战国
◇ 公元前 475—前 221 年
◇ 通长 18.0 厘米，阑宽 10.5 厘米
◇ 宝鸡县（今宝鸡市陈仓区）虢镇出土
◇ 宝鸡市陈仓区博物馆收藏

长胡，三穿，凸阑有下齿，直内，有圆方孔，援表面饰钩云纹，内两面饰鹰、蛇纹和虎、蛇纹。

Bronze Ge with Tiger Patterns
Zhanguo Dynasty
Full-Length 18.0cm ◇ Width 10.5cm
Chencang Museum

柳叶铜矛

◇（左）春秋
◇ 公元前 770—前 476 年
◇（右）西周
◇ 约公元前 11 世纪—前 771 年
◇（左）通长 25.3 厘米
◇（右）通长 21.9 厘米，柄长 9.0 厘米
◇（左）宝鸡县（今宝鸡市陈仓区）贾家崖村出土
◇（右）宝鸡县（今宝鸡市陈仓区）天王镇寨子村出土
◇ 宝鸡市陈仓区博物馆收藏

圆銎口，口沿有两个半圆穿，弧刃，中脊凸起，直通锋尖。

Bronze Spear with Salix Leaf Design
Chunqiu Dynasty
(Left One)Full-Length 25.3cm
(Right One)Full-Length 21.9cm ◇ Length of Handgrip 9.0cm
Chencang Museum

铜弩机，铜镞头

◇ （弩机）战国
◇ 公元前 475—前 221 年
◇ （镞头）汉代
◇ 公元前 206—公元 220 年
◇ （弩机右上一）郭长 14.0 厘米，通长 21.0 厘米，通宽 11.0cm，
◇ （弩机右上二）郭长 15.0 厘米，悬刀 0.8 厘米，望山 0.7 厘米，
◇ （弩机右上三）郭长 13.2 厘米，悬刀 9.0 厘米，望山 7.7 厘米，总长 15.3 厘米，
◇ （弩机左下）郭长 5.5 厘米，悬刀长 3.0 厘米，
◇ （镞头）长的约 22.5 厘米，短的约 13.0 厘米
◇ （弩机右上一）宝鸡县八鱼乡（今宝鸡市渭滨区八鱼镇）八鱼村出土
◇ （弩机右上二）宝鸡县八鱼乡（今宝鸡市渭滨区八鱼镇）苇子沟村出土
◇ （弩机右上三）宝鸡县（今宝鸡市陈仓区）巩家泉村出土
◇ （弩机左下）宝鸡县硖石乡（今宝鸡市金台区硖石镇）林家村出土
◇ （镞头）宝鸡市陈仓区博物馆征集
◇ 宝鸡市陈仓区博物馆收藏

弩机郭、牙、望山、悬刀齐全，素面。镞头三角形，长杆铤。

Bronze Crossbow and Arrows

Zhanguo Dynasty
Chencang Museum

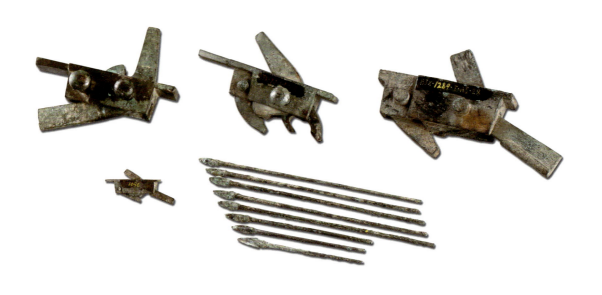

剑柄上的镂空老虎纹

虎纹镂空柄短剑

◇ 春秋
◇ 公元前 770—前 476 年
◇ 残长 22.5 厘米，柄长 9.5 厘米
◇ 宝鸡县（今宝鸡市陈仓区）西高泉村出土
◇ 宝鸡市陈仓区博物馆收藏

青铜短剑，柄部饰四只虎，成对四爪相连，镂雕而成，剑刃锋利，脊近柄部饰兽面族徽纹。

Bronze Sword with Tiger Patterns
Chunqiu Dynasty
Length 22.5cm ◇ Length of Handgrip 9.5cm
Chencang Museum

五、秦汉厨房 人生百味

◇民以食为天，饮食是与人类生活最为密切的。随着社会的进步与富足，秦汉的烹饪技艺日益发达，各种炊事器具集中出现。中国饮食文化在这一阶段形成了一定的体系和特色，成为一个重要转折点。

随着炉灶、蒸笼等新的炊事器具出现以及鼎、甑、盆、盂、罐等大量饮食器具的广泛使用和普及，人们对粮食和肉类食材的加工更加细致，在讲求食品的色、香、味俱佳的同时，人们还进一步要求通过对各类不同食物的合理搭配来烹制和食用食物，以达到饮食生活既丰富多彩又有助于人类健康和社会进步的效果。

与商周时期相比，秦汉对食物烹饪的要求更高，调味品有盐、酒、肉酱汁、菝酱汁、醯、姜、木兰、茱萸等。料理的方法有炙、濡、烹、煎、炮等。炙是烤肉，濡是涮肉，烹是煮肉，炮就是将幼牲带毛裹泥放在火里烤。

同时，秦汉饮酒盛行，这时的酒器是当世无双的，尤以青铜器为主。盛酒的器具如尊、缶、壶等，温酒的器具有尊、壶、觥、瓮、罍等，饮酒的器具有爵、斗、角、觯、杯等。其中很多工艺精湛，纹饰华丽，十分高雅，堪称艺术珍品。

庖厨图

汉代的画像砖为我们保留了很多有趣的生活场景。庖厨图中可以看到厨娘们正在忙碌着，灶台前端有热气腾腾的蒸笼，后端的烟囱烟气滚滚。屋顶悬挂着牛腿、鱼肉和家禽等。

乘舆鼎

◇ 西汉
◇ 公元前 14 年
◇ 口径 12.3 厘米，高 14.5 厘米
◇ 宝鸡县峡石乡（今宝鸡市金台区峡石镇）征集。
◇ 宝鸡市陈仓区博物馆收藏。

　　子母口内敛，深腹圆鼓，双附耳上作半环形，圜底，三蹄足。腹中部有一道粗凸棱，其余部位光素。上腹一侧铸铭文 37 字，另一侧铸铭文 9 字。

　　释文：乘舆十湅（炼）铜鼎，容五斗并重六斤十两，永始三年，供工工谭造，护臣级、守啬夫臣挥、掾臣武、守丞。另一侧，四参令臣修、宗者、大（太）官。

Bronze Ding Named Chenyu
Han Dynasty
Diameter of Mouth 12.3cm ◇ Height 14.5cm
Chencang Museum

一斗一升鼎

◇ 汉
◇ 公元前 206—公元 220 年
◇ 高 21.5 厘米，腹径 18.0 厘米
◇ 宝鸡县磻溪乡（今宝鸡市陈仓区磻溪镇）杨家店村出土
◇ 宝鸡市陈仓区博物馆收藏

　　球面盖，有三环钮，子母口，二附耳，圆鼓腹，三马蹄足，器素面，腹部饰一道凸弦纹，盖面沿部有铭"一斗一升"四字。

Bronze Ding

Han Dynasty
Height 21.5cm ◇ Diameter of Belly 18.0cm
Chencang Museum

铜釜

◇ 汉
◇ 公元前 206—公元 220 年
◇ 高 23.0 厘米，口径 23.0 厘米，腹径 32.0 厘米
◇ 宝鸡县清溪乡（今宝鸡市陈仓区磻溪镇）斜坡村出土
◇ 宝鸡市陈仓区博物馆收藏

　　敛口，内折小平沿，圆肩，深腹，腹向下内收，平底，肩表面饰四道平行凸弦纹，腹上部有一周凸棱。

Bronze Kettle

Han Dynasty
Height 23.0cm ◇ Diameter of Mouth 23.0cm ◇ Diameter of Belly 32.0cm
Chencang Museum

龟形带甗灶

◇ 汉
◇ 公元前 206—公元 220 年
◇ 通长 22.6 厘米，通高 24.7 厘米
  灶台高 9.2 厘米，宽 15.0 厘米
◇ 宝鸡县（今宝鸡市陈仓区）南阳村出土
◇ 宝鸡市陈仓区博物馆收藏

铜灶，附有釜、甑、盆分体。灶平面呈不规则椭圆形，灶口为长方形，灶面上有圆形大灶眼，龟首烟囱，两侧带铺首衔环，四矮蹄足；釜为椭圆体，直口，圜底，中部有一宽沿，放入灶眼时刚好担在灶面之上。甑釜连接为子母口，甑呈深腹盆状，底部带箅孔，两侧饰铺首衔环；甑上部与翻扣的盆用宽折沿口对口平放，盆两侧饰铺首衔环；器通体素面。

Turtle-Shaped Bronze Cooker
Han Dynasty
Full-Length 22.6cm ◇ Full-Height 24.7cm
Height of Hearth 9.2cm ◇ Width 15.0cm
Chencang Museum

◇ 宝鸡市陈仓区博物馆收藏

侈口，圆肩圆鼓腹，矮圈足，腹饰铺首衔环一对，饰宽带纹。

Bronze Pot
Han Dynasty
Full-Height 47.0cm ◇ Diameter of Mouth 18.0cm ◇ Diameter of Belly 37.0cm
Chencang Museum

铜钫

◇ 汉
◇ 公元前 206—公元 220 年
◇ 高 37.0 厘米，口径 11.0 厘米
  底径 13.5 厘米，腹深 31.0 厘米
◇ 宝鸡县宁王乡（今宝鸡市陈仓区阳平镇）晃阳村出土
◇ 宝鸡市陈仓区博物馆收藏

斗形方盖，三兽形钮，与器以子母口连接；器方口微侈，束颈，鼓腹，方圈足，腹上部两侧有铺首衔环一对，通体素面。

Bronze Pot

Han Dynasty
Height 37.0cm ◇ Diameter of Mouth 11.0cm
Diameter of Bottom 13.5cm ◇ Depth of Belly 31.0cm
Chencang Museum

鹅形铜鐎斗

◇ 汉
◇ 公元前 206—公元 220 年
◇ 通高 11.3 厘米，口径 9.5 厘米，宽 14.0 厘米
◇ 宝鸡县（今宝鸡市陈仓区）虢镇北堡村出土
◇ 宝鸡市陈仓区博物馆收藏

侈口，弧形方唇，深腹圜底。鹅首手柄，半柱状流，三角形尾部上跷，三鹅足。

Goose-Shaped Bronze Jiaodou

Han Dynasty
Full-Height 11.3cm ◇ Diameter of Mouth 9.5cm ◇ Width 14.0cm
Chencang Museum

龙首铜鐎斗

◇ 汉
◇ 公元前 206—公元 220 年
◇ 通高 24.0 厘米，口径 19.0 厘米，宽 19.5 厘米
◇ 宝鸡县（今宝鸡市陈仓区）香泉镇出土
◇ 宝鸡市陈仓区博物馆收藏

敞口外折，深腹，圜底，龙首柄，三长腿蹄足。

Dragon-Shaped Bronze Jiaodou

Han Dynasty
Full-Height 24.0cm ◇ Diameter of Mouth 19.0cm ◇ Width 19.5cm
Chencang Museum

橆(无)蔞氏洗

◇ 西汉
◇ 公元前 206—公元 23 年
◇ 口径 26.5 厘米,高 12.0 厘米,腹深 11.0 厘米
◇ 宝鸡县(今宝鸡市陈仓区)博物馆征集
◇ 宝鸡市陈仓区博物馆收藏

直口,卷沿,薄圆唇,微鼓腹,有对称半环形竖耳,平底。腹中部四道弦纹,其余部位光素。颈部一侧铸铭文 11 字。

释文:橆(无)蔞氏,容三斗,重十斤八两。

Bronze Kettle

Han Dynasty
Diameter of Mouth 26.5cm ◇ Height 12.0cm ◇ Depth of Belly 11.0cm
Chencang Museum

建始元年铜灯

◇ 西汉
◇ 公元前 32 年
◇ 通高 27.0 厘米，盘径 19.5 厘米
◇ 宝鸡县（今宝鸡市渭滨区）八鱼镇苇子沟村出土
◇ 宝鸡市陈仓区博物馆收藏

　　灯盘圆口，斜壁微侈，平底，盘内底中部有凸起灯芯，下连接竹节柄，喇叭圈足，圈足面部有铭文"铜灯重十斤十两，建始元年孝工造"。

Bronze Lamp

Han Dynasty
Full-Height 27.0cm ◇ Top-Diameter 19.5cm
Chencang Museum

盘龙铜熏炉

◇ 汉
◇ 公元前 206—公元 220 年
◇ 通高 19.0 厘米，托盘径 11.0 厘米
◇ 宝鸡县（今宝鸡市渭滨区）八鱼镇苇子沟村出土
◇ 宝鸡市陈仓区博物馆收藏

炉椭圆状，子母口，圆鼓腹，腹部凸弦纹一周，圆形灯柱下蒂叶包裹和一对盘龙环绕，托盘小平折沿，斜腹下收，平底，熏炉盖失。

Bronze Censer with Dragons

Han Dynasty
Full-Height 19.0cm　Diameter of Plate 11.0cm
Chencang Museum

柿蒂纹铜灯

◇ 汉
◇ 公元前 206—公元 220 年
◇ 通高 9.0 厘米
◇ 宝鸡县（今宝鸡市陈仓区）南阳村出土
◇ 宝鸡市陈仓区博物馆收藏

　　圆口，浅腹，平底，盘内底中部有凸起灯芯，扁弧形柄，圆灯柱，喇叭形圈足，圈足面部饰柿蒂纹。

Bronze Lamp with a Handle
Han Dynasty
Full-Height 9.0cm
Chencang Museum

谷纹玉璧

◇ 汉
◇ 公元前 206—公元 220 年
◇ 直径 14.7 厘米
◇ 宝鸡县（今宝鸡市陈仓区）天王镇寨子村出土
◇ 宝鸡市陈仓区博物馆收藏

圆形白玉璧，质地游润，颜色泛黄，有黑色条纹带，中间有圆好，两面饰细密谷纹，上侧边沿残留有镂空悬痕。

Jade Bi with Grain Shape
Han Dynasty
Diameter 14.7cm
Chencang Museum

陶灶

◇ 汉
◇ 公元前 206—公元 220 年
◇ 长 24.0 厘米，宽 21.0 厘米，厚 10.5 厘米
◇ 宝鸡县（今宝鸡市陈仓区）虢镇西秦村出土
◇ 宝鸡市陈仓区博物馆收藏

泥质灰陶，椭方形，灶面有三个灶眼，其中一个灶眼配锅，另外两个配甑，灶面刻画有鱼、鸡、鸭、肉串等图案，方形灶口，灶口左侧为一女子，右侧为一男子，男子身侧立一细颈高瓶。

Pottery Hearth
Han Dynasty
Length 24.0cm ◇ Width 21.0cm ◇ Thickness 10.5cm
Chencang Museum

酱釉陶壶、酱釉陶盒

◇ 汉
◇ 公元前 206—公元 220 年
◇ 陶壶通高 31.5 厘米，腹径 22.5 厘米
◇ 陶盒直径 18.5 厘米
◇ 陶壶为宝鸡县石羊庙乡（今宝鸡市陈仓区千河镇）底店村出土
◇ 陶盒为宝鸡县（今宝鸡市陈仓区）天王镇寨子村出土
◇ 宝鸡市陈仓区博物馆收藏

  陶壶：盘形口，口外测略残，细长颈，溜肩圆鼓腹，矮圈足，肩部饰三道凸弦纹，腹上部饰写意云纹，腹下部饰三道凹弦纹，圈足饰瓦棱纹，通体饰酱红色釉。
  陶盒（上）：直口，腹较深，圜底，矮圈足，两面饰红釉，酱釉两面画黄绿色彩釉。
  陶盒（下）：子母口，腹较深，圜底，矮圈足，两面饰酱釉，并画黄绿色抽象彩画。

Brown Glazed Pottery Pot and Bowl

Han Dynasty
Pot: Full-Height 31.5cm◇Diameter of Belly 22.5cm
Bowl: Diameter 18.5cm
Chencang Museum

绿釉陶奁

◇ 汉
◇ 公元前 206—公元 220 年
◇ 直径 20.0 厘米，高 24.5 厘米
◇ 宝鸡县（今宝鸡市陈仓区）新街镇出土
◇ 宝鸡市陈仓区博物馆收藏

　　器博山盖，子母口，圆柱形奁体，直腹，腹较深，平底，底下有三矮兽足，奁体表面饰四道平行凹弦纹，凹弦纹间饰四神及飞鸟走兽，通体施绿釉，局部泛黄。

Green Glazed Pottery Lian

Han Dynasty
Diameter 20.0cm◇Height 24.5cm
Chencang Museum

酱釉陶仓

◇ 汉
◇ 公元前 206—公元 220 年
◇ 直径 11.1 厘米，高 25.3 厘米
◇ 宝鸡县（今宝鸡市陈仓区）千河镇冯家咀村出土
◇ 宝鸡市陈仓区博物馆收藏

　　仓体圆柱形，伞盖状屋顶，顶中央开圆形小仓口，仓体表面施三道凹弦纹，平底，三矮兽足，仓盖施绿釉，仓体施酱釉，有开片。

Brown Glazed Pottery Storehouse

Han Dynasty
Diameter 11.1cm◇Height 25.3cm
Chencang Museum

陶房

◇ 汉
◇ 公元前 206—公元 220 年
◇ 长 41.0cm，宽 22.0 厘米，高 28.0 厘米
◇ 宝鸡县（今宝鸡市陈仓区）虢镇贾家崖村出土
◇ 宝鸡市陈仓区博物馆收藏

长方体形，前方有二门，悬山式顶。

Pottery House
Han Dynasty
Length 41.0cm ◇ Width 22.0cm ◇ Height 28.0cm
Chencang Museum

陶井

◇ 汉
◇ 公元前 206—公元 220 年
◇ 直径 16.5 厘米，高 29.0 厘米
◇ 宝鸡县（今宝鸡市陈仓区）虢镇贾家崖村出土
◇ 宝鸡市陈仓区博物馆收藏

泥质灰陶，井体呈圆柱形，圆口，平折沿，沿上立楼式井阑，阑上有辘轳，阑旁立有一汲水陶罐，束颈，直腹，平底。

Pottery Well, Han Dynasty
Diameter 16.5cm ◇ Height 29.0cm
Chencang Museum

陶狗、陶鸡，陶羊，陶牛

◇ 汉
◇ 公元前 206—公元 220 年
◇ 陶狗高 28.5 厘米，陶鸡高 15.0 厘米
　陶羊长 21.0 厘米，陶牛长 21.0 厘米
◇ 宝鸡县（今宝鸡市陈仓区）虢镇贾家崖村出土
◇ 宝鸡市陈仓区博物馆收藏

　　陶狗：泥质褐陶，呈蹲卧状，昂首侧望，双耳直立，耳残，双目圆睁，作狂吠状，尾夹在后腿内，整体素面，体内中空。
　　陶鸡：泥质灰陶，站立式，昂首，翘尾，圆腹肚，目视前方。
　　陶羊：泥质灰陶，呈蹲卧状，四蹄向内弯曲，昂首，目视前方，大弯角，口戴笼嘴，尾巴短小。
　　陶牛：泥质灰陶，呈蹲卧状，头向前，双耳侧垂，鼻孔张开，尾巴下垂，体内中空。

Pottery Dog Chicken, Sheep and Cow

Han Dynasty
Height of Dog 28.5cm
Height of Chicken 15.0cm
Height of Sheep 21.0cm
Height of Ox 21.0cm
Chencang Museum

六、丝路瓷道 熠熠生辉

◇ 秦汉时，陈仓在西北的交通枢纽地位已基本奠定。陈仓，东接咸阳、长安，南有通往蜀汉的秦岭栈道，向西有国际通道"丝绸之路"，向北有达北地的回中道，它的纽带作用，使西北和西南，中原连接成一片。沿着这条道路，优雅地走来了一位精灵，这就是火与土结合的使者——瓷器，惊艳的青花瓷，类冰似水的龙泉青瓷，"黄金有价钧无价"的钧瓷，刀法犀利、以刻花独步天下的耀州瓷均在陈仓这块宝地上出现。

男俑

◇ 隋
◇ 公元 581—618 年
◇ 高 26.0 厘米，宽 6.0 厘米
◇ 宝鸡市博物馆（今宝鸡青铜器博物院）调拨
◇ 宝鸡市陈仓区博物馆收藏

红陶。头戴冠，翘眉、小眼、高鼻、八字胡，身着胡服，右手下垂，左手上曲，站立式。

Pottery Male Figure
Sui Dynasty
Height 23.0cm ◇ Width 6.0cm
Chencang Museum

女俑

◇ 隋
◇ 公元 581—618 年
◇ 高 23.0 厘米，宽 6.8 厘米
◇ 宝鸡市博物馆（今宝鸡青铜器博物院）调拨
◇ 宝鸡市陈仓区博物馆收藏

红陶。圆脸、凤眼、高鼻、小嘴，头巾包裹了整个头部，身着宽袖长裙，双手抱在胸前，花鞋露出头部，站立在踏板之上。

Pottery Female Figure
Sui Dynasty
Height 23.0cm ◇ Width 6.8cm
Chencang Museum

金钗

◇ 唐
◇ 公元 618—907 年
◇ 残长 15.0 厘米，宽 0.9 厘米
◇ 宝鸡市陈仓区香泉镇出土
◇ 宝鸡市陈仓区博物馆收藏

　　双股长针式。包金"U"形铜架，钗身饰番石榴纹、折枝花草纹，钗侧和柄顶饰宝相花纹、祥云纹、连珠纹等。

Golden Hairpin
Tang Dynasty
Length 15.0cm Width 0.9cm
Chencang Museum

三彩陶枕

◇ 金
◇ 公元 1127—1279 年
◇ 长 33.0 厘米，宽 18.0 厘米，高 10.6 厘米
◇ 宝鸡县（今宝鸡市陈仓区）贾村镇广福村出土
◇ 宝鸡市陈仓区博物馆收藏

椭圆形，侧面饰草叶花纹，枕面饰八宝图案。

Tricolor Glazed Pottery Pillow

Jin Dynasty
Length 33.0cm ◇ Width 18.0cm ◇ Height 10.6cm
Chencang Museum

三彩陶枕

◇ 金
◇ 公元 1127—1279 年
◇ 长 26.0 厘米，宽 8.5 厘米，高 12.0 厘米
◇ 宝鸡县（今宝鸡市陈仓区）贾村镇广福村出土
◇ 宝鸡市陈仓区博物馆收藏

绿釉瓷枕，正面呈梯形，枕面剔忍冬花卉，侧面饰草叶缠枝纹，底面素面、未施釉。

Tricolor Glazed Pottery Pillow

Jin Dynasty
Length 26.0cm ◇ Width 8.5cm ◇ Height 12.0cm
Chencang Museum

青釉瓜棱执壶

◇ 宋
◇ 公元 960—1279 年
◇ 口径 5.0 厘米，腹径 12.0 厘米，高 20.0 厘米，底径 7.0 厘米，鎏长 6.0 厘米
◇ 宝鸡县（今宝鸡市陈仓区）天王镇天王村出土
◇ 宝鸡市陈仓区博物馆收藏

圆口，长颈，平肩，柱流对折，单手錾上有阳刻线三道，口下沿和颈肩部有双阳线三组，瓜棱鼓腹，圈足，满施豆青色釉。

Cyan Glazed Ewer with Melon Ridges
Song Dynasty
Diameter of Mouth 5.0cm ◇ Diameter of Belly 12.0cm ◇ Height 20.0cm
Diameter of Bottom 7.0cm ◇ Length of stem 6.0cm
Chencang Museum

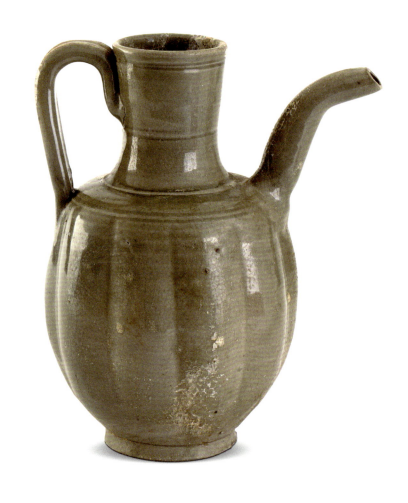

黑釉瓜棱执壶

◇ 宋
◇ 公元 960—1279 年
◇ 高 26.0 厘米，腹径 17.0 厘米
◇ 宝鸡县（今宝鸡市陈仓区）虢镇出土
◇ 宝鸡市陈仓区博物馆收藏

黑瓷瓜棱形，小侈口、细长颈，圆肩，柱流对折，单手錾，平底，矮圈足，通体饰黑釉。

Black Glazed Ewer with Melon Ridges
Song Dynasty
Height 26.0cm ◇ Diameter of Belly 17.0cm
Chencang Museum

黑釉瓷瓶

◇ 元
◇ 公元 1271—1368 年
◇ 口径 6.0 厘米，腹径 18.0 厘米，高 34.0 厘米
◇ 宝鸡县（今宝鸡市陈仓区）博物馆征集
◇ 宝鸡市陈仓区博物馆收藏

小圆口，平底，平肩，直腹，黑釉，玉璧底。

Black Glazed Porcelain Bottle
Yuan Dynasty
Diameter of Mouth 6.0cm ◇ Diameter of Belly 18.0cm ◇ Height 34.0cm
Chencang Museum

斗笠青瓷碗

◇ 宋
◇ 公元 960—1279 年
◇ 口径 14.5 厘米，底径 3.5 厘米，高 4.0 厘米
◇ 宝鸡县（今宝鸡市陈仓区）天王镇天王村出土
◇ 宝鸡市陈仓区博物馆收藏

斗笠形，敞口，斜腹下收，圈足，内刻菊花纹，豆青色瓷釉。

Cyan Glazed Porcelain Bowl
Song Dynasty
Diameter of Mouth 14.5cm
Diameter of Bottom 3.5cm ◇ Height 4.0cm
Chencang Museum

钧瓷碗

◇ 元
◇ 公元 1271—1368 年
◇ 口径 20.0 厘米，底径 7.0 厘米，高 8.0 厘米
◇ 宝鸡县（今宝鸡市陈仓区）拓石镇征集
◇ 宝鸡市陈仓区博物馆收藏

敛口，腹斜下收，施浅蓝釉，小圈足。

Jun Porcelain Bowl
Yuan Dynasty
Diameter of Mouth 20.0cm ◇ Diameter of Bottom 7.0cm ◇ Height 8.0cm
Chencang Museum

黑釉瓷高足杯

◇ 元
◇ 公元 1271—1368 年
◇ 口径 8.5 厘米，底径 4.0 厘米，高 8.5 厘米
◇ 宝鸡县（今宝鸡市陈仓区）博物馆征集
◇ 宝鸡市陈仓区博物馆收藏

　　黑釉，侈口，斜腹，竹节柄，喇叭形小圈足，空心底。

Black Glazed Porcelain Cup with High Foot
Yuan Dynasty
Diameter of Mouth 8.5cm ◇ Diameter of Bottom 4.0cm ◇ Height 8.5cm
Chencang Museum

青花风景瓷盘

◇ 清
◇ 公元 1644—1911 年
◇ 口径 28.8 厘米，底径 18.0 厘米，高 5.5 厘米
◇ 宝鸡县（今宝鸡市陈仓区）博物馆征集
◇ 宝鸡市陈仓区博物馆收藏

　　圆盘，敞口，弧腹下收，平底，矮圈足，盘内满画青花山水风景。

Blue and White Porcelain Tray
Qing Dynasty
Diameter of Mouth 28.8cm ◇ Diameter of Bottom 18.0cm ◇ Height 5.5cm
Chencang Museum

七、栩栩如生 独运匠心

◇ 宗教造像，反映了劳动人民的智慧和技巧，其中佛教题材占据极为重要的位置。陈仓地区发现的宗教造像作品造型生动活泼，形象逼真传神。

◇ 佛教造像传入我国最早在公元前2世纪到公元前1世纪之间。南北朝时期，佛教和佛教造像艺术得到了全面发展，到了唐代，中国的佛教造像艺术达到了巅峰水平。历代流传下来的各类佛像，在材质上有金铜、石、木、玉、瓷、泥塑等，而其中又以金铜佛、石佛最受后人珍视。

太和元年佛龛造像

◇ 北魏
◇ 公元 477 年
◇ 长 13.3 厘米，宽 7.6 厘米，厚 2.8 厘米
◇ 宝鸡县陵塬乡（今宝鸡市金台区陵塬镇）宝陵村征集
◇ 宝鸡市陈仓区博物馆收藏

造像刻于一长方体黄白色玉石上。正面雕一桃形佛龛，龛中浮雕一单身佛像，高肉髻，方圆脸，眉目清秀，身着双领下垂式袈裟，内着僧祇支，双手胸前合十，结跏趺坐在覆莲台上。桃形项光，饰放射纹。衣纹简练呈台阶状。龛旁浅刻一对仙鹤和祥云。龛背刻铭文十八字："太和元年岁赐癸亥雍州刘仁敬造佛像一區"。魏体。"太和元年岁赐癸亥"，即公元 477 年。

Jade Figure of Buddha in the TaiHe First Year
Beiwei Dynasty
Length 13.3cm ◇ Width 7.6cm ◇ Thickness 2.8cm
Chencang Museum

白石菩萨 立像

◇ 北齐
◇ 公元 550-577 年
◇ 残高 62.0 厘米，宽 17.0 厘米，厚 18.0 厘米
◇ 宝鸡县（今宝鸡市陈仓区）虢镇出土
◇ 宝鸡市陈仓区博物馆收藏

冠带与发瓣垂至肩两侧。上身半裸，下身着长裙。颈饰项圈，胸前佩繁复华丽的璎珞至足腕部，臂着莲花钏，腕戴双镯。右臂屈于胸前掌心朝外，施无畏印，左臂屈于腰下部，掌握一朵未开莲苞。跣足立于仰莲台上。通身贴金彩绘。

Stone Bodhisattva Standing Figure
Beiqi Dynasty
Height 62.0cm Width 17.0cm Thickness 18.0cm
Chencang Museum

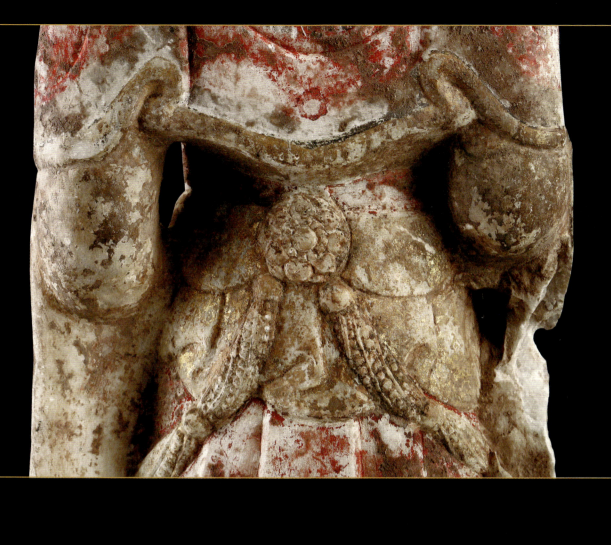

银佛造像

◇ 北齐
◇ 公元 550—577 年
◇ 高 7.2 厘米，底宽 3.3 厘米
◇ 宝鸡县（今宝鸡市陈仓区）香泉镇前锋村出土
◇ 宝鸡市陈仓区博物馆收藏

　　高肉髻，方圆脸，眉目清秀，头稍低垂。桃形项光，内圈饰花瓣纹一周，外圈为火焰纹。身着双领下垂式袈裟，内着僧祇支。右手施无畏印，左手扶左膝，结跏趺坐在束腰莲花须弥座上。衣纹简练圆滑。

Silver Buddha Figure
Beiqi Dynasty
Height 7.2cm ◇ Width of Bottom 3.3cm
Chencang Museum

开皇元年石龛老君造像

◇ 隋
◇ 公元 581 年
◇ 高 30.0 厘米，上宽 15.0 厘米，下宽 19.0 厘米，厚 7.0 厘米
◇ 宝鸡县（今宝鸡市陈仓区）虢镇出土
◇ 宝鸡市陈仓区博物馆收藏

　　造像呈长方体，上窄下宽。正面刻成龛形，龛内浮雕一道二童像，道为老君，头戴冠，方圆脸，蓄长髯，桃形项光，身着双领下垂式长袍，右手施无畏印，左手施指地印。左右立二仙童，头包髻，方圆脸，身着开胸长衫，双手抱笏于腹部。侧面阴线刻供养之人形象，造像铭：一侧为"开皇元年二□五日造像一区"，另一侧为"佛弟子秦道元为法界众生造像一区"，共 27 字。

Bodhisattva Figures in the Stone Niche
Sui Dynasty
Height 30.0cm ◇ Width of Top 15.0cm ◇ Width of Bottom 19.0cm ◇ Thickness 7.0cm
Chencang Museum

鎏金菩萨铜立像

◇ 明
◇ 公元 1368—1644 年
◇ 高 43.0 厘米，宽 16.0 厘米，厚 13.0 厘米
◇ 宝鸡县（今宝鸡市陈仓区）博物馆征集
◇ 宝鸡市陈仓区博物馆收藏

    高发髻，两耳垂肩，眉目清秀，上身袒，双手作说法印，腰微扭，赤足而立。肩披巾，项配玉串珠，手臂、脚腕有钏，手腕戴镯，腰间有垂带和珠串，下身着长裙，脚配珠。钏、镯、垂带、珠串上先前都镶有宝石。

Gilded Bodhisattva Standing Figure

Ming Dynasty
Height 43.0cm ◇ Width 16.0cm ◇ Thickness 13.0cm
Chencang Museum

万历十四年渡海观音像

◇ 明
◇ 公元 1368—1644 年
◇ 高 35.0 厘米，长 29.0 厘米，宽 22.0 厘米
◇ 宝鸡县（今宝鸡市陈仓区）博物馆征集
◇ 宝鸡市陈仓区博物馆收藏

头带宝冠，面如满月，上身袒露，着披巾和璎珞，下着羊肠裙，半跏趺坐在覆莲台上。右手于右膝之上，左手握披巾一角自然下垂使降魔印。观音两侧为仙山，山上有人、动物、法宝等，莲台前有二弟子，下有条仰首龙。底座为海水形式。背刻铭 20 字："万历十四年孟月成造，信士申如潮苏送贵二人造"。

Bronze *Guanyin* Sailing Figures in the *Wanli* 14th year

Ming Dynasty
Height 35.0cm ◇ Length 29.0cm ◇ Width 22.0cm
Chencang Museum

鎏金铜佛造像

◇ 明
◇ 公元 1368—1644 年
◇ 高 15.0 厘米，宽 11.6 厘米
◇ 宝鸡县（今宝鸡市陈仓区）博物馆征集
◇ 宝鸡市陈仓区博物馆收藏

高肉髻，眉间露白毫相，袒右肩着袈裟，右手下垂置于右腿部作指地印，左手置于双腿交叉部作禅定印，结跏趺坐于莲花座上。

Gilded Buddha Figure

Ming Dynasty
Height 15.0cm ◇ Width 11.6cm
Chencang Museum

成化十七年彩绘石佛像

◇ 明
◇ 公元 1481 年
◇ 通高 43.0 厘米，底座长 20.0 厘米，宽 11.0 厘米
◇ 宝鸡县（今宝鸡市陈仓区）西高泉村磨性山出土
◇ 宝鸡市陈仓区博物馆收藏

高螺髻，两耳垂肩，面如满月，身披袈裟，两手置胸前作说法印，结跏趺坐于覆莲台上，台下为须弥座，座前刻有两力士和一卧象。座后阴刻铭34字："成化十七年四月二十五日造伏三尊，舍木，信士王清氏虬，长男王爱、自男王後、王心棵"

Painted Stone Buddha Figures in the ChengHua 17th year
Ming Dynasty
Full-Height 43.0cm ◇ Length of Bottom 20.0cm ◇ Width of Bottom 11.0cm
Chencang Museum

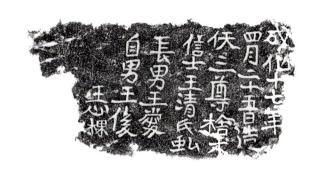

菩萨头像

- 明
- 公元 1368—1644 年
- 高 17.0 厘米，宽 10.0 厘米，厚 7.0 厘米
- 宝鸡县（今宝鸡市陈仓区）赤沙镇放马沟村出土
- 宝鸡市陈仓区博物馆收藏

头带宝冠，面如满月，虽然用麻石为料，但做工非常精细考究。

Head of Bodhisattva

Ming Dynasty
Height 17.0cm ◇ Width 10.0cm ◇ Thickness 7.0cm
Chencang Museum

菩萨头像

◇ 明
◇ 公元 1368—1644 年
◇ 高 24.5 厘米，宽 14.0 厘米，厚 13.0 厘米
◇ 宝鸡县（今宝鸡市陈仓区）赤沙镇放马沟村出土
◇ 宝鸡市陈仓区博物馆收藏

头带宝冠，面如满月，虽然用麻石为料，但做工非常精细考究。

Head of Bodhisattva
Ming Dynasty
Height 24.5cm ◇ Width 14.0cm ◇ Thickness 13.0cm
Chencang Museum

玉观音像

◇ 清
◇ 公元 1644—1911 年
◇ 高 12.0 厘米，宽 4.5 厘米
◇ 宝鸡县（今宝鸡市陈仓区）博物馆征集
◇ 宝鸡市陈仓区博物馆收藏

长方脸庞，头戴风帽，衣帛着长裙，莲花合掌，青玉。

Jade *Guanyin* Figures
Qing Dynasty
Height 12.0cm   Width 4.5cm
Chencang Museum

元和十二年三彩经幢

◇ 唐
◇ 公元 817 年
◇ 高 18.8 厘米，底径 10.5 厘米
◇ 宝鸡县（今宝鸡市陈仓区）博物馆征集
◇ 宝鸡市陈仓区博物馆收藏

幢为八棱柱形，空心，莲花座，幢身施绿釉，座施酱黄釉，柱表面书《陀罗尼经》。

Tricolor Glazed Pottery Building with Buddhism Lection and Joss
Tang Dynasty
Height 18.8cm ◇ Diameter of Bottom 10.5cm
Chencang Museum

金刚瑞兽塔式罐

◇ 唐
◇ 公元 618—907 年
◇ 残高 74.5 厘米，底径 29.0 厘米
◇ 宝鸡市陈仓区博物馆征集
◇ 宝鸡市陈仓区博物馆收藏

螺旋形塔顶罐盖，罐圆口，凸直唇，斜肩，鼓腹斜下收，肩部有堆塑波浪纹一周，腹部彩绘仰莲一周，小平底；三层彩绘镂空高浮雕仰莲、信徒、金刚、瑞兽塔身为罐底座。

Pagoda-Shaped Pottery Jar with Beast Faces
Tang Dynasty
Height 74.5cm ◇ Diameter of Bottom 29.0cm
Chencang Museum

八仙—寿雕像

◇ 明
◇ 公元 1368—1644 年
◇ 高 35.0 厘米，宽 11.0 厘米，厚 7.5 厘米
◇ 宝鸡县石羊庙乡（今宝鸡市陈仓区千河镇）底店村出土
◇ 宝鸡市陈仓区博物馆收藏

　　张果老，站立，长须，身着宽袖长衫；吕洞宾，身着宽袖长衫，背一把长剑，站立于祥云之上；曹国舅，头戴纱帽，身穿官袍，手持阴阳板；蓝采和，头顶梳两个盘起的小辫，身着斜襟长衫，手提花蓝；身着宽袖斜襟长衫，右手拿一葫芦，左手拄铁拐（铁拐李）；何仙姑，身穿宽袖斜襟长衫，手持荷花；韩湘子，身穿宽袖斜襟长衫，手持长笛；汉钟离，身着宽袖长衫，手摇棕扇，头上扎了两个丫髻，神态自然，长须；老寿星，高额，高鼻，喜眉，三长须，身着斜襟宽袖长衫，左手捧仙桃，右手拄仙杖，上系葫芦，立于祥云之上。

The Eight Immortals and The God of Longevity Figures

Ming Dynasty
Height 35.0cm　Width 11.0cm　Thickness 7.5cm
Chencang Museum

净瓶

◇ 宋
◇ 公元 960—1279 年
◇ 高 33.0 厘米，底径 6.3 厘米
◇ 宝鸡县（今宝鸡市陈仓区）冯家山村出土
◇ 宝鸡市陈仓区博物馆收藏

小圆口，柱状长颈，颈中部有一平宽凸沿，圆肩，鼓腹下收，平底，肩部有葫芦状流，口部有盖，通体素面。

Bronze Washing Bottle
Song Dynasty
Height 33.0cm ◇ Diameter of Bottom 6.3cm
Chencang Museum

元丰六年铜磬

◇ 北宋
◇ 公元 1080 年
◇ 通高 32.5 厘米，口径 42.5 厘米
◇ 宝鸡县（今宝鸡市陈仓区）凤阁岭镇毛家庄村出土
◇ 宝鸡市陈仓区博物馆收藏

筒状，敛口平内折，深腹微鼓，圜平底，沿下斩刻铭文"此磬系元豐陸年正月内在滁州商税務貿官銅打造，匠人孫口"25 字。

Bronze Chime in the Yuanfeng Sixth Year
Beisong Dynasty
Full-Height 32.5cm ◇ Diameter 42.5cm
Chencang Museum

八、畤祭天帝 国祀吴岳

◇"国之大事,在祀与戎"。祭祀是华夏礼典的重要组成部分,礼有五经,莫重于祭,是以事神致福。祭祀有着严格等级,天神地祇由天子祭,诸侯大夫祭山川,士庶只能祭祖先和灶神。

先秦时期,秦人将周人曾经"祭上帝、祭祖先"的传统礼仪上升到"祭天地与五帝"的新高度。秦人先后在雍城外,置鄜畤祭白帝、置密畤祭青帝、置吴阳上畤和吴阳下畤祭黄帝和炎帝。汉高祖刘邦"承秦制",继续沿用秦人雍城畤祭的礼仪、祀官和设施,在秦雍四畤基础上增设北畤,形成完整的雍五畤祭祀系统,且以效祀雍畤作为王朝最高祭礼。

陈仓吴山秀丽的自然景观流传着很多美妙的传说,具有悠久的历史和深厚的文化底蕴。传说黄帝之师吴权和姜太公先祖伯夷就诞生于此;尧舜时期,吴山作为四岳受到舜帝的祭祀;西周时,吴山被封为西岳,王室及诸侯定期在此举行祭祀活动,可能就设置了"吴阳武畤";秦灵公时,恢复在吴山的祭祀活动,作吴阳上畤祭黄帝,作下畤祭炎帝;到了隋代,朝廷正式下诏在吴山建庙,并派专使祭祀。

唐、宋、元、明、清诸朝皆作祭祀。

2016年，中国国家博物馆、陕西省考古研究院、陈仓区博物馆联合对吴山东进行全面考古调查和勘探，共发现各类遗迹单位102处，其中祭祀坑92个，灰坑5处，冲沟1条，铺石范围1处，石头范围1处，瓦片堆积范围1处，水浸土范围1处。证明吴山确实是一处秦汉时期或更早时期的祭祀遗址。

2018年10月，经陕西省文物局报请国家文物局批准，由中国国家博物馆、陕西省考古研究院、宝鸡市考古研究所、陈仓区博物馆组成联合考古队，对位于陈仓区新街镇庙川村的吴山遗址进行考古发掘，发掘面积800平方米，共发掘出战国秦汉时期祭祀坑8座。祭祀坑皆为方形车马坑，坑内皆埋藏一车四马（即一驷），车为实用车，长方形车舆单辕车，马呈跪卧、侧卧状放置于车辕两侧，为生杀后摆置埋藏。出土遗物共219件，主要包括玉器、车马器、兵器、农具四类。玉器为当时祭祀所用的玉人、玉琮，车马器皆以青铜、铁质为主。车饰件主要包括车軎车辖、车釭、衡末饰、軏首饰等。马饰件主要有马衔、马镳、节约铜扣、铜环等。兵器以箭镞为主，完整数量为10枚一组。另出土铁锸农具一件。

《史记》记载，秦灵公设置吴阳上畤、吴阳下畤，上畤祭黄帝，下畤祭炎帝。炎帝，号神农氏，历代被尊为农神，相传其氏族活动范围即在陈仓吴山地区，吴山祭祀遗址中的出土农具铁锸很可能与祭祀炎帝有关。

男、女玉人

◇ 战国
◇ 公元前 475—前 221 年
◇ 男玉人从左到右尺寸：
◇ 长 12.3 厘米，宽 2.0 厘米，厚 0.4 厘米
◇ 长 12.0 厘米，宽 2.3 厘米，厚 0.5 厘米
◇ 长 12.0 厘米，宽 2.4 厘米，厚 0.5 厘米
◇ 长 13.0 厘米，宽 3.0 厘米，厚 1.3 厘米
◇ 长 12.3 厘米，宽 2.5 厘米，厚 0.5 厘米
◇ 长 12.1 厘米，宽 2.5 厘米，厚 0.4 厘米
◇ 女玉人从左到右尺寸：
◇ 长 11.8 厘米，宽 2.2 厘米，厚 0.5 厘米
◇ 长 11.5 厘米，宽 2.5 厘米，厚 0.4 厘米
◇ 长 11.5 厘米，宽 2.3 厘米，厚 0.5 厘米
◇ 长 10.8 厘米，宽 1.5 厘米，厚 1.3 厘米
◇ 长 12.0 厘米，宽 2.5 厘米，厚 0.5 厘米
◇ 长 11.8 厘米，宽 2.4 厘米，厚 0.5 厘米
◇ 宝鸡市陈仓区新街镇庙川村出土
◇ 宝鸡市陈仓区博物馆藏

祭祀礼器，青玉。身体长方形片状，线条磨刻的面部五官和方格纹腰带极为简单不清。男玉人头顶有高耸的偏髻，多为向左偏。男、女玉人身体也有长方柱状的。

Male and Female Jade Statues

Zhanguo Dynasty
Chencang Museum

陈仓记忆

玉琮

◇ 战国
◇ 公元前 475—前 221 年
◇ 从左到右尺寸：
◇ 长 6.8 厘米，宽 6.8 厘米，厚 0.4 厘米
◇ 长 7.0 厘米，宽 7.0 厘米，厚 0.4 厘米
◇ 长 7.0 厘米，宽 7.0 厘米，厚 0.4 厘米
◇ 长 7.0 厘米，宽 7.0 厘米，厚 2.8 厘米
◇ 长 7.0 厘米，宽 7.0 厘米，厚 0.5 厘米
◇ 长 7.0 厘米，宽 7.0 厘米，厚 0.4 厘米
◇ 宝鸡市陈仓区新街镇庙川村出土
◇ 宝鸡市陈仓区博物馆藏

祭祀礼器，青玉。方形片状，中心有圆穿孔。也有较厚方形的，正反两面磨去了四角，中部凸起为八边形，中心穿孔较大。

Jade Cong

Zhanguo Dynasty
Chencang Museum

铁锸

◇ 战国
◇ 公元前 475—前 221 年
◇ 长 12.7 厘米，高 5.8cm，銎口长 12.7 厘米，宽 1.9 厘米
◇ 宝鸡市陈仓区新街镇庙川村出土
◇ 宝鸡市陈仓区博物馆藏

农具。长方一字形，平刃，侧面作等腰三角形，上有长方形銎，可以纳木制锸身和装柄。吴山遗址考古出土的 9 件铁锸，銎内都存有灰化的朽木。

Iron Farm Tool
Zhanguo Dynasty
Length 12.7cm◇Height 5.8cm◇Length of Hole 12.7cm◇Width 1.9cm
Chencang Museum

铜镞

◇ 战国
◇ 公元前 475—前 221 年
◇ 长 5.5 厘米，宽 1.0 厘米，铤长 4.0 厘米
◇ 宝鸡市陈仓区新街镇庙川村出土
◇ 宝鸡市陈仓区博物馆藏

兵器。三棱式箭镞，断面呈三角形，圆柱状铤较短。

Bronze Arrowhead
Han Dynasty
Length 5.5cm◇Width 1.0cm◇Length of Collar 4.0cm
Chencang Museum

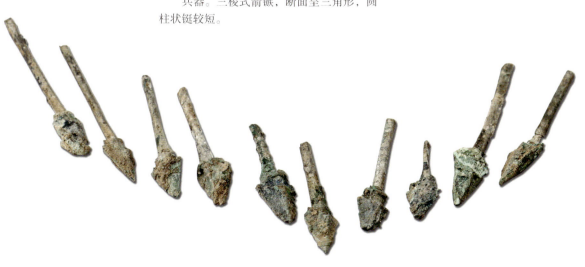

镜鉴苍生

◆ 镜子是日常生活中的必需品,从原始社会人们以水照容,到四千多年前第一面铜镜的诞生,无不体现着人类对美好生活的向往和追求。此后,铜镜经历了一个漫长的发展、繁荣和衰落的过程,至清代才逐渐被玻璃镜所取代。铜镜的背面通常饰有各种不同的图案和铭文,它们再现了当时社会的政治经济、思想文化和民俗风情等方方面面。就让我们一起穿越铜镜,寻找古人的时尚吧。

一、书法铜镜

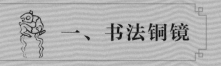

◇我国铜镜上的铭文,始自战国,到西汉早、中期就比较普遍了。从西汉晚期到东汉末,铭文盛行起来。汉代是篆书向隶书过渡和隶书昌盛的时代,铜镜中的书法,正好体现了这样的时代特征。在汉镜中铭文的刻字,篆书仍占有重要地位。但是,与隶书同时产生的八分字,在铭文中更为突出。

汉代铜镜大都存有铭文,其铭文都是吉祥语句,如家势富昌、宜子孙、大富贵等。铜镜也是男女间爱情的信物,用以表达朝思暮恋的情感。汉镜铭中常见的有"长相思,毋相忘""见日之光,长勿相忘",等等。

隋唐镜铭中这样的内容也很多,如"别春驰忧,结恋离愁"等。

在宋代的铜镜上出现一些以书法和篆刻为内容的图案。

明代的吉语镜以楷书书写的为多,"五子登科""福寿双全"等吉祥语句较常见。

昭明镜

◇ 汉
◇ 公元前 206—公元 220 年
◇ 直径 12.5 厘米，厚 0.5 厘米
◇ 宝鸡县（今宝鸡市陈仓区）南阳村出土
◇ 宝鸡市陈仓区博物馆收藏

  镜圆形、圆纽、连珠纹座、素平沿。内区饰凸弦纹和内向八连弧纹各一周。

  铭文为：内清之以昭明，光辉象夫日月，心忽而愿忠，然雍塞而不泄。

Bronze Mirror Zhao Ming
Han Dynasty
Diameter 12.5cm ◇ Thickness 0.5cm
Chencang Museum

双圈铭带镜

◇ 汉
◇ 公元前 206—公元 220 年
◇ 直径 15.7 厘米，厚 0.4 厘米
◇ 宝鸡县清溪乡（今宝鸡市陈仓区磻溪镇）斜坡村出土
◇ 宝鸡市陈仓区博物馆收藏

  镜圆形、圆纽、联珠纹座、宽平沿。内区饰凸弦纹和内向八连弧纹各一周，二纹之间有铭文带一周，铭文为：见日之光，長毋相忘。字间饰有符号。外区二道栉齿纹之间，有铭文带一周。

  铭文为：洁清而白而事而君之也，行而□明光玄锡之泽尔，怨而曰忘美而，外承而不回忘。"□"字不清，无法辨认。

Bronze Mirror with Double Inscription Bands
Han Dynasty
Diameter 15.7cm ◇ Thickness 0.4cm
Chencang Museum

十二地支铭镜

◇ 汉
◇ 公元前 206—公元 220 年
◇ 直径 14.0 厘米，厚 0.3 厘米
◇ 宝鸡县（今宝鸡市陈仓区）土桥村出土
◇ 宝鸡市陈仓区博物馆收藏

圆形镜、圆纽、方形纽座、宽沿。由方形规矩纹框出内外两区，内区饰十二乳丁和十二地支，铭文：子丑寅卯辰巳午未申酉戌亥；外区饰青龙白虎朱雀玄武四神一组，并且有羽人、雀鸟、羊与之相配，间饰规矩纹和八颗乳钉纹；缘饰三角锯齿纹和流云纹各一周。

Bronze Mirror with 12 Earthly Branches
Han Dynasty
Diameter 14.0cm◇Thickness 0.3cm
Chencang Museum

"長宜永甾"双铭镜

◇ 汉
◇ 公元前 206—公元 220 年
◇ 直径 15.0 厘米，厚 0.3 厘米
◇ 宝鸡县（今宝鸡市陈仓区）新街镇司家湾村出土
◇ 宝鸡市陈仓区博物馆收藏

镜凸面圆形，圆纽，圆形纽座，宽素外侈沿。内区饰四枊蒂纹，间铭文：長宜永甾。外区饰凸弦纹和内向八连弧各一周，二纹间有铭文：生如金石。

Bronze Mirror
Han Dynasty
Diameter 15.0cm◇Thickness 0.3cm
Chencang Museum

"位至三公"铭镜

◇ 汉
◇ 公元前 206—公元 220 年
◇ 直径 9.0 厘米，厚 0.3 厘米
◇ 宝鸡县清溪乡（今宝鸡市陈仓区磻溪镇）小庵村出土
◇ 宝鸡市陈仓区博物馆收藏

镜凸面圆形，圆纽，圆纽座，素宽沿外侈。内区直行铭文：位至三公，铭文两边饰夔纹一对；外区饰栉齿纹一周。

Bronze Mirror with A Straight Inscription and Double Kui Stripes

Han Dynasty
Diameter 9.0cm ◇ Thickness 0.3cm
Chencang Museum

"君宜高官"铭镜

◇ 汉
◇ 公元前 206—公元 220 年
◇ 直径 11.5 厘米，厚 0.2 厘米
◇ 宝鸡县清溪乡（今宝鸡市陈仓区磻溪镇）小庵村出土
◇ 宝鸡市陈仓区博物馆收藏

镜凸面圆形，圆纽，铭文纽座，铭文为：君宜高官。窄素颜。内区饰四组变形栉蒂纹；外区饰由四叶变形而成的蝙蝠纹，再外饰十六内向连弧纹。

Bronze Mirror with Shape of Four leaves

Han Dynasty
Diameter 11.5cm ◇ Thickness 0.2cm
Chencang Museum

四神仁寿镜

◇ 隋
◇ 公元 581—618 年
◇ 直径 21.5 厘米，厚 0.5 厘米
◇ 宝鸡县（今宝鸡市渭滨区）八鱼镇姬家店村出土
◇ 宝鸡市陈仓区博物馆收藏

镜圆形，圆形纽，瑞兽纽座，内侈窄沿。内区由规矩构成四组，组间饰四神"青龙白虎朱雀玄武"，组外饰三角锯齿纹一周；外区饰铭文带和十二生肖纹。

铭文为：仙山竝照，智水齐名，花朝艳彩，月夜流明，龙盘五瑞，鸾舞双情，传闻仁寿，始验销兵。缘饰流云一周。

Bronze Mirror with Four Ghosts
Sui Dynasty
Diameter 21.5cm ◇ Thickness 0.5cm
Chencang Museum

八卦铜镜

◇ 唐
◇ 公元618—907年
◇ 直径14.0厘米,厚0.4厘米
◇ 宝鸡县（今宝鸡市陈仓区）磻溪镇党家堡村出土
◇ 宝鸡市陈仓区博物馆收藏

镜作方形,圆钮,龟形钮座,窄素沿。区间饰八卦符号和铭文。

铭文为：水银阴精,辟邪卫灵,形神日照,保护长生。

Bronze Mirror with Bagua Diagram
Tang Dynasty
Diameter 14.0cm ◇ Thickness 0.4cm
Chencang Museum

印文铜镜

◇ 隋
◇ 公元 581—618 年
◇ 直径 11.0 厘米
◇ 宝鸡县（今宝鸡市陈仓区）慕仪镇凤朝村出土
◇ 宝鸡市陈仓区博物馆收藏

圆钮外有四个印文，文字不清。中区浮雕四条龙纹，栉齿纹，宽沿。

Bronze Mirror with Prints
Sui Dynasty
Diameter 11.0cm
Chencang Museum

吉安路铭镜

◇ 元
◇ 公元 1271—1368 年
◇ 直径 9.2 厘米
◇ 宝鸡县（今宝鸡市陈仓区）磻溪镇凤鸣村出土
◇ 宝鸡市陈仓区博物馆收藏

镜圆形，小圆平顶纽，圆形座，高沿微内敛。内区饰三瑞兽绕钮追逐；外区饰流云一周，并有一印状长方形铭带。

铭文为：吉安路胡东有作。吉安路是元代的行政设置，在今江西吉安市，元贞元年（1295）改吉州路置。

Bronze Mirror with *Ji'an Lu* Characters
Yuan Dynasty
Diameter 9.2cm
Chencang Museum

"状元及第"铭镜

◇ 明
◇ 公元 1368—1644 年
◇ 直径 12.4 厘米，厚 0.2 厘米
◇ 宝鸡县（今宝鸡市陈仓区）大众村出土
◇ 宝鸡市陈仓区博物馆收藏

镜作圆形，平顶圆钮，高沿微内收。镜钮上下左右有四字铭，并被方框所框。
铭文为：状元及第。

Bronze Mirror with *Zhuangyuan Jidi* Characters

Ming Dynasty
Diameter 12.4cm ◇ Thickness 0.2cm
Chencang Museum

"五子登科"铭镜

◇ 明
◇ 公元前 1368—1644 年
◇ 直径 10.5 厘米
◇ 宝鸡县（今宝鸡市陈仓区）新街镇司家湾村出土
◇ 宝鸡市陈仓区博物馆收藏

镜作圆形，平顶圆钮，高沿微内收。镜钮上下左右有四字铭，并被方框所框。
铭文为：五子登科。

Bronze Mirror with *Wuzi Dengke* Characters

Ming Dynasty
Diameter 10.5cm
Chencang Museum

二、动植物纹铜镜

◇ 花纹和铭文都是铜镜背面装饰的一部分，铜镜的主要纹饰有动物纹（包括现实中的动物和想象中的动物），植物纹（花草树木、水果等），花鸟纹，几何图纹，日月星辰纹，神仙与人物故事纹，等等。

东汉时期的画像镜以神人神兽纹、历史故事为主，采用高浮雕技法装饰，出现变形四叶纹镜。三国两晋南北朝时期仍流行画像纹镜、四叶纹镜等。

唐代纹饰题材多见瑞兽、飞鸟以及葡萄、花草等；狻猊葡萄镜最具特色，是中西文化融合的杰作；人物故事镜则简练生动。装饰工艺新出现贴金、贴银、镶嵌螺钿、金银平脱等，纹饰更显华丽。

宋代镜型日趋丰富和平民化，镜钮趋小。缠枝纹镜、花鸟纹镜、婴戏镜等采用单线白描，纹饰纤巧精细；具有浓厚宗教色彩的神仙故事图案人物镜采用浮雕技法，线条粗犷。

辽代镜以花枝纹、荷叶纹最具特点。

金代镜人物故事题材较多，双鱼镜富有特色，镜缘錾刻官府检验刻记及画押。

元代镜以双龙、人物故事为主，舞台戏曲图案颇具特点。

明代镜出现银锭形钮，仿古镜较多。

四乳蟠螭纹镜

◇ 秦
◇ 公元前 221—前 207 年
◇ 直径 10.5 厘米，厚 0.3 厘米
◇ 宝鸡县（今宝鸡市陈仓区）博物馆征集
◇ 宝鸡市陈仓区博物馆收藏

镜圆形，三弦纽，素圆纽座，宽素卷沿。内、外区和缘内边有三道凹弦纹，内、外区凹弦纹上饰四乳丁纹，内、外区饰四条蟠螭纹，云雷纹衬底。

Bronze Mirror with Pattern of Four Nipples and *Panchi*
Qin Dynasty
Diameter 10.5cm ◇ Thickness 0.3cm
Chencang Museum

星云纹镜

◇ 汉
◇ 公元前 206—公元 220 年
◇ 直径 10.8 厘米，厚 0.4 厘米
◇ 宝鸡市陈仓区南阳村出土
◇ 宝鸡市陈仓区博物馆收藏

镜圆形，尖状连珠峰纽，圆钮座，镜内向十六连弧纹缘；区间饰四乳丁和大小二十八颗星组成的星云纹，外一道栉齿纹。

Bronze Mirror with Pattern of Clouds and Stars
Han Dynasty
Diameter 10.8cm ◇ Thickness 0.4cm
Chencang Museum

草叶纹镜

◇ 汉
◇ 公元前 206—公元 220 年
◇ 直径 11.5 厘米，厚 0.2 厘米
◇ 宝鸡县（今宝鸡市陈仓区）虢镇李家崖出土
◇ 宝鸡市陈仓区博物馆收藏

镜圆形，圆纽，方素座，镜内向十六连弧纹缘；区内饰四乳丁间规矩纹，草叶纹。

Bronze Mirror with Pattern of Grasses and Leaves
Han Dynasty
Diameter 11.5cm ◇ Thickness 0.2cm
Chencang Museum

四乳龙虎镜

◇ 汉
◇ 公元前 206—公元 220 年
◇ 直径 13.5 厘米，厚 0.5 厘米
◇ 宝鸡县八鱼乡（今宝鸡市渭滨区八鱼镇）出土
◇ 宝鸡市陈仓区博物馆收藏

镜圆形，圆纽，柿蒂纹纽座，宽素平沿。内区饰宽凸平弦纹一周；外区二道栉齿纹之间饰联珠座四乳钉纹，间二虎二龙纹。

Bronze Mirror with Pattern of Nipples and Beasts
Han Dynasty
Diameter 13.5cm ◇ Thickness 0.5cm
Chencang Museum

鱼龙变化镜

◇ 东汉
◇ 公元 25—220 年
◇ 直径 9.8 厘米，厚 0.3 厘米
◇ 宝鸡县（今宝鸡市陈仓区）钓渭镇南村出土
◇ 宝鸡市陈仓区博物馆收藏

镜凸面圆形、圆钮、圆钮座，凸内、外侈沿。内区饰一对由鱼演变到龙的纹；外区饰栉齿纹和三角锯齿纹各一周。

Bronze Mirror with Pattern of Fish-Dragons
Han Dynasty
Diameter 9.8cm ◇ Thickness 0.2cm
Chencang Museum

仙人镜

◇ 东汉
◇ 公元 25—220 年
◇ 直径 11.5 厘米，厚 0.4cm
◇ 宝鸡县宁王乡（今宝鸡市陈仓区阳平镇）晁阳村出土
◇ 宝鸡市陈仓区博物馆收藏

圆钮，圆钮座，中区饰东王公、西王母和仙人、流云等，外圈饰一周铭文，镜锈重不可认。窄沿，沿内饰一周草叶纹。

Bronze Mirror with Pattern of Immortals
Han Dynasty
Diameter 11.5cm ◇ Thickness 0.4cm
Chencang Museum

海兽葡萄铜镜

◇ 唐
◇ 公元 618—907 年
◇ 直径 17.4 厘米，厚 1.3 厘米
◇ 宝鸡县（今宝鸡市陈仓区）大王村出土
◇ 宝鸡市陈仓区博物馆收藏

圆镜，狮钮，由一道凸弦纹将镜分为内外两区，内区饰一周高浮雕的狮兽，间饰缠枝葡萄，外区饰跑兽，鸳鸟，间饰缠枝葡萄和花草等，弧形窄沿，沿内饰一周如意祥云纹。

Bronze Mirror with Sea Beasts and Grapevines
Tang Dynasty
Diameter 17.4cm ◇ Thickness 1.3cm
Chencang Museum

海兽葡萄铜镜

◇ 唐
◇ 公元 618—907 年
◇ 直径 13.5 厘米，厚 1.2 厘米
◇ 宝鸡县（今宝鸡市陈仓区）周原镇二村出土
◇ 宝鸡市陈仓区博物馆收藏

圆镜，狮钮，由一道凸弦纹将镜分为内外两区，内区饰一周高浮雕的狮兽，外区饰飞舞的雀鸟，由内到外满饰缠枝葡萄和花草等，弧形窄沿，沿内饰一周如意祥云纹。

Bronze Mirror with Sea Beasts and Grapevines
Tang Dynasty
Diameter 13.5cm ◇ Thickness 1.2cm
Chencang Museum

花鸟蜂蝶镜

◇ 唐
◇ 公元 618—907 年
◇ 直径 9.2 厘米，厚 0.7 厘米
◇ 宝鸡县石羊庙乡（今宝鸡市陈仓区千河镇）北坡村出土
◇ 宝鸡市陈仓区博物馆收藏

镜作圆形，圆钮，窄高沿内斜面状。内、外区饰飞鸟和蜂蝶采花纹，中饰凸弦纹一周间隔，凸弦上有凹槽。内斜面饰卷叶纹一周。

Bronze Mirror with Flying Beasts and Butterflies
Tang Dynasty
Diameter 9.2cm ◇ Thickness 0.7cm
Chencang Museum

双鸾花鸟镜

◇ 唐
◇ 公元 618—907 年
◇ 直径 22.0 厘米，厚 1.0 厘米
◇ 宝鸡县虢镇（今宝鸡市陈仓区千渭街道办）李家崖村征集
◇ 宝鸡市陈仓区博物馆收藏

圆镜，葵花边，兽钮，镜面饰衔绶带的鸾凤，鸳鸯，雀鸟各一对，并都站在莲蓬之上，间饰蜂蝶，花草纹和如意祥云。

Bronze Mirror with Flowers and Birds
Tang Dynasty
Diameter 22.0cm ◇ Thickness 1.0cm
Chencang Museum

双鱼纹带柄镜

◇ 金
◇ 公元 1127—1279 年
◇ 直径 10.0 厘米，厚 0.5 厘米，通长 18.9 厘米
◇ 宝鸡县（今宝鸡市陈仓区）拓石镇出土
◇ 宝鸡市陈仓区博物馆收藏

镜作圆形，带一长柄，圆钮，无座，宽缘；区间饰二条绕钮游动的鱼，并饰水波纹；缘上有带形凹弦纹一周。柄为长方形，正面素平，背面周围起棱，中间起槽。

Bronze Mirror with a Handle
Jin Dynasty
Diameter 10.0cm ◇ Thickness 0.5cm ◇ Full-Length 18.9cm
Chencang Museum

芦雁花鸟镜

◇ 宋
◇ 公元 960—1279 年
◇ 直径 7.0 厘米，厚 0.5 厘米
◇ 宝鸡县（今宝鸡市陈仓区）博物馆征集
◇ 宝鸡市陈仓区博物馆收藏

镜作圆形，小圆钮平顶，高沿微内敛。区间饰荷塘，荷花，芦苇，芦叶，并有三只芦雁，一只水中戏游，一只空中飞舞；右上方有一印迹，铭文不清。

Bronze Mirror with Goose Flowers and Birds
Song Dynasty
Diameter 7.0cm ◇ Thickness 0.5cm
Chencang Museum

二童戏花镜

◇ 宋
◇ 公元 960—1279 年
◇ 直径 8.8 厘米，厚 0.5 厘米
◇ 宝鸡县（今宝鸡市陈仓区）博物馆征集
◇ 宝鸡市陈仓区博物馆收藏

　　镜作圆形，工字钮，高沿微内敛。钮的左右二童脚踏莲枝，手拿莲花和莲叶而相向戏舞。

Bronze Mirror with Two Children Holding Lotus

Song Dynasty
Diameter 8.8cm ◇ Thickness 0.5cm
Chencang Museum

仙人镜

◇ 宋
◇ 公元 960—1279 年
◇ 直径 12.0 厘米，厚 0.8 厘米
◇ 宝鸡县（今宝鸡市陈仓区）博物馆征集
◇ 宝鸡市陈仓区博物馆收藏

　　镜作圆形，工字形钮，内刻菱花形高沿。区间饰四仙人，仙鹤，楼阁，花瓶，香炉，法器等。

Bronze Mirror with Immortals

Song Dynasty
Diameter 12.0cm ◇ Thickness 0.8cm
Chencang Museum

三、铜镜的铸造技术

◇ 中国古代任何产品的生产都会与当时社会的政治经济、科学技术及文化艺术紧密相关。铜镜的铸制技术亦与当时的铜器铸制技术完全同步。

在夏至商早期，青铜器表面的纹饰都是在范面进行手工压塑而成，铸镜时用石范较多。春秋中期以后，铸制青铜纹饰逐渐发明了单元纹饰范拼兑技术，铜镜铸造不可避免受其直接影响。这一技术的使用使得铜镜铸制在战国时期开始走向成熟，而在这一时期，铜镜的合金成分也日趋合理化和规范化。中国的铜镜从战国开始直到唐晚期，约1000年之间的实用镜，一直保持了高锡青铜的化学成分。西汉中期，制模技术受当时科学技术的影响，不但采用了简单的圆规画图技术制模，并且应用了机械加工技术。东汉早期，在西汉铸镜技术基础上，开始出现了线雕技术，与西汉在阴模上制作纹饰相比，东汉镜的制模技术则多改为在阳模上制作纹饰了。东汉中期，铜镜的纹饰技术从线雕逐渐发展到浮雕技术，这种制模技术一直延用至唐代。唐铜镜铸造没有任何创新，完全继承汉代铸镜技术。至宋代，基本采用砂型铸镜，范铸法制镜技术逐渐退出历史舞台。

到明清时期，随着近代玻璃的诞生，铜镜逐渐淡出人们的生活。

蟠螭纹镜

◇ 战国
◇ 公元前 475—前 221 年
◇ 直径 23.5 厘米，厚 0.2 厘米
◇ 宝鸡县（今宝鸡市陈仓区）博物馆征集
◇ 宝鸡市陈仓区博物馆收藏

　　圆镜，三弦钮，虺纹圆座，座外为一周宽平弦纹和一周窄绳纹，主纹为一周四组蟠螭纹，间饰几何菱形纹，宽缘微内卷，缘内饰一周绳纹。

Bronze Mirror with *Panchi* Patterns
Qin Dynasty
Diameter 23.5cm ◇ Thickness 0.2cm
Chencang Museum

素镜

◇ 唐
◇ 公元 618—907 年
◇ 直径 36.0 厘米，厚 0.8 厘米
◇ 宝鸡县（今宝鸡市陈仓区）博物馆征集
◇ 宝鸡市陈仓区博物馆收藏

　　宽沿，圆钮，素面。

Bronze Mirror
Tang Dynasty
Diameter 36.0cm ◇ Thickness 0.8cm
Chencang Museum

鎏金菱花镜

◇ 唐
◇ 公元 618—907 年
◇ 直径 11.6 厘米，厚 0.9 厘米
◇ 宝鸡县石羊庙乡（今宝鸡市陈仓区千河镇）北坡村出土
◇ 宝鸡市陈仓区博物馆收藏

镜作菱花形，圆纽，窄沿。内区以纽为中心，环绕对称饰飞雀一对，鸳鸯一对，间饰花草纹。外区饰蜂蝶采花纹和花草纹。

Gilded Mirror with Pattern of Flowers
Tang Dynasty
Diameter 11.6cm ◇ Thickness 0.9cm
Chencang Museum

结束语
Conclusion

绵延的秦岭，在这里耸立出巍峨的鸡峰山，宝鸡不老，阳光正好。

奔流的黄河，收纳了经此地潺湲的渭河水，逝者如斯，不舍昼夜。

山水相依，一脉相传，孕育出华夏大地繁荣兴盛的农耕文化。

关中多沃土，嘉禾满陈仓。

陈仓，这一古老而吉祥的名字深藏着古人对美好生活的向往和追求。

一桩桩动人心魄的传说，一件件巧夺天工的文物，

向我们诉说着记忆中的过去。

陈仓记忆——中国烙印

后 记
Afterword

  《陈仓记忆》一书来源于"陈仓记忆"文物陈列，是陈仓历史记忆片段的再现。历史信息本来连续不断，由于时间漫长记忆成为了片段。文物是历史记忆真实的写照，是历史记忆的储存器。

  本书的编排顺序基本按照"陈仓记忆"文物陈列设计，共分"史前陈仓""历史陈仓""镜鉴苍生"三部分，所选的266件器物基本是展品中的精品。通过设计者的审美角度，让读者了解先民智慧的结晶和思考空间的记忆联想。

  在"陈仓记忆"陈列的筹办和图录的编辑过程中，得到了陕西省文物局、陕西省考古研究院、宝鸡市文物局、宝鸡市陈仓区区委区政府及区文物局的大力支持。陕西省考古研究院张天恩博士、田亚岐研究员与宝鸡青铜器博物院任雪莉博士等同仁在展览大纲的编写和图录编辑过程中，给予了热情的关怀和鼎力帮助，在此表示衷心感谢！

  由于编者水平所限，难免有错误和疏漏之处，敬请各位读者提出宝贵意见。

编 者

2020 年 3 月

图书在版编目（CIP）数据

陈仓记忆 / 宝鸡市陈仓区博物馆编．－－西安：西北大学出版社，2020.4

ISBN 978-7-5604-4516-8

Ⅰ.①陈… Ⅱ.①宝… Ⅲ.①博物馆－历史文物－陈仓区－图集 Ⅳ.①K872.414.2

中国版本图书馆CIP数据核字（2020）第058012号

陈仓记忆

编　　者	宝鸡市陈仓区博物馆
主　　编	董卫剑
责任编辑	琚　婕　朱　亮
装帧设计	贺建林　袁樱子
出版发行	西北大学出版社
地　　址	西安市太白北路229号西北大学校内
电　　话	(029) 88302621　88302590
邮政编码	710069
印　　刷	北京雅昌艺术印刷有限公司
开　　本	889mm×1194mm　1/16
印　　张	11.5
字　　数	190千字
版　　次	2020年4月第1版
印　　次	2020年4月第1次印刷
印　　数	1000
标准书号	ISBN 978-7-5604-4516-8
定　　价	320.00元
网　　址	http://nwupress.nwu.edu.cn

如有印装质量问题，请与本社联系调换，电话029-88302966。

西北大学出版社　　　西北大学出版社
天猫专营店　　　　　微信公众号